Dr. Tamás Lajtner

DIE MESSBARE KRAFT DER GEDANKEN

Neuentdeckte Beziehungen,
erstaunliche Möglichkeiten

Dr. Tamás Lajtner

DIE MESSBARE KRAFT DER GEDANKEN

Neuentdeckte Beziehungen, erstaunliche Möglichkeiten

„Die messbare Kraft der Gedanken"
1. Auflage Februar 2018

Ancient Mail Verlag Werner Betz
Europaring 57, D-64521 Groß-Gerau
Tel.: 00 49 (0) 61 52/5 43 75, Fax: 00 49 (0) 61 52/94 91 82
www.ancientmail.de
Email: ancientmail@t-online.de

Bibliografische Information der Deutschen Nationalbibliothek:
Die Deutsche Nationalbibliothek verzeichnet diese Publikation in der
Deutschen Nationalbibliografie; detaillierte bibliografische Daten sind im
Internet über http://dnb.dnb.de abrufbar.

Covergrafik: Dr. Tamás Lajtner
Covergestaltung: Dr. Tamás Lajtner
Druck: Digital Print Group GmbH, D-Nürnberg

ISBN 978-3-95652-241-3

Inhaltverzeichnis

1. Buch

1.1. Rätsel, warum

Ich wurde aufgefordert, ein paar Worte darüber zu schreiben, was der Gedanke ist. Ich schrieb folgendes:

- Der Gedanke ist die Veränderung von Raum und Zeit.

Der Herausgeber hat anerkannt, dass es wirklich nur ein paar Worte waren, was auch gewünscht war, aber es enthielt zu wenig Einzelheiten. Kein Problem! Hier ist eine erweiterte Erklärung:

- Raum ist, was die Materie als Raum benutzt.

- Materie ist, was in einem jeweiligen Raum als Materie funktioniert.

- Zeit ist die Wechselwirkung des Raumes und der Materie.

Ich betrachtete die obigen drei Sätze. Es ist gut gelungen. Im Wesentlichen umfasst es alles. Kurz. Deutlich. Brauchbar. Nach der Meinung des Herausgebers enthält es eigentlich nichts und es ist nicht gut, weil es immer noch zu kurz, überhaupt nicht verständlich und völlig unbrauchbar ist. Aber, und das wurde mir versichert, sein Vertrauen in mich ist ungebrochen. So wurde ich aufgefordert, ein paar weitere Worte zu schreiben, die die oben beschriebenen deutlicher und brauchbar machen, es sei auch kein Problem, wenn es ein bisschen länger würde.

„Schreib vor allem über die Gedanken! Die Leser interessieren sich dafür. Es kann auch von Raum und Zeit handeln. Das sind gute, wenn auch trockene Themen. Bemühe dich, einige große Rätsel der Welt in das Buch einzubeziehen. Und Story, um Himmels willen, Story! Warum, warum! Damit wird es interessanter! Und Rätsel! Welche? Zum Beispiel wäre es gut, die Nazca-Linien und die Dolmen einzubeziehen, und wenn es möglich ist, einen Delfin, mindestens einen! Aber es soll am Ende keine konfuse Science-Fiction sein, sondern soll sich mit dieser guten kleinen Theorie befassen, die die

Funktion des Gedankens verdeutlicht. Was war ihr Name doch gleich?"

„Raum-Materie-Theorie."

„Das ist es! Darüber sollst du schreiben! Das soll das Hauptmotiv sein! Wir machen es nur ein bisschen interessanter mit einigen Rätseln und Gedanken, verstehst du?"

„Nein."

„Machst du es trotzdem?"

„Klar."

[1] *CC0 T. Lajtner, CC0 SCY, Piaxabay.com*

1.2. Heilende Gedanken

Vor etwa 20 – 22 Jahren fand Éva, eine Bekannte von mir, einen Tumor in ihrer Brust. Sie war sehr erschrocken, weil sie Angst davor hatte, dass der Tumor bösartig war. Sie wartete tagelang auf die ausführliche ärztliche Untersuchung und dessen Ergebnis. Sie wurde immer nervöser, obwohl ich ihr gesagt hatte, dass sie keinen Grund dafür hätte, da ich wusste, dass das kein bösartiger Tumor war. Sie fragte mich woher ich das wusste, und ich sagte: „Ich weiß es einfach!" Daraufhin sagte sie, dass ich dumm sei. Als ich sie fragte, woher sie das wüsste, antwortete sie: „Ich weiß es einfach!"

Die Debatte wurde von einem Arzt entschieden. Nicht ich wurde untersucht, sondern Éva. Er fand heraus, dass der Tumor eine Zyste war, nicht bösartig also, daher habe ich Recht behalten. Damit hat er auch implizit gezeigt, dass Éva bei der Einschätzung meines Geisteszustandes falsch lag.

Vier Tage bevor Éva zum Arzt gehen konnte, sagte ich ohne eine begreifbare Erklärung und ohne jegliches Vorgeschehen zu ihr:

„Ich kann den Tumor verschwinden lassen." Ich behauptete das und meinte es todernst. Ich hatte von dem Aufbau der weiblichen Brust keine Ahnung (obwohl es mich wahrscheinlich interessiert hätte), auch mit dem Stoffwechsel der Zellen kannte ich mich nicht aus (das hätte mich vielleicht interessiert), ich wusste nicht, welche Arten von Tumoren es gibt (das hat mich sicherlich nicht interessiert). Eigentlich wusste ich nichts, was mit dem Thema auch nur ein bisschen im Zusammenhang stand. Wieso hätte ich etwas darüber wissen sollen? Ich bin Ökonom.

„Wie könntest du es wegmachen?", fragte Éva ganz ungläubig. „Hier geht es nur darum, dass du meine Brust anfasst, nicht wahr?" Dieser letzte Satz war eher eine Behauptung als eine Frage. Und weil ihrer Meinung nach diese Behauptung ein Fakt war, hat sie daraus weitere Konsequenzen gezogen.

„Du Schwein! Ich bin hier ...", fing sie an zu weinen, und ich verstand nicht was sie sagte. „Und du willst die Situation dazu ausnutzen, dass ..." Sie weinte immer wieder.

Ich dachte mir, ich würde sie beruhigen und ihr sagen, dass mir ihre Brust überhaupt nicht gefallen würde, und dass sie selber auch nicht mein Typ sei, das hätte sie aber in der gegebenen Situation falsch verstanden.

„Es ist nicht nötig, dass ich dich anfasse!" Das wusste ich irgendwoher. Woher? Die Frage habe ich mir damals, wie auch bis heute, nicht gestellt. Was ich weiß, dass weiß ich einfach. Egal woher.

„Es reicht, wenn ich meine Hand vor deine Brust halte. Nicht auf sie, nur vor sie. Du brauchst dich auch nicht auszuziehen. Nur wenn du willst."

Éva zog sich nicht aus. Sie glaubte auch nicht, dass ich fähig war, sie zu heilen, ihre Angst vor der Krankheit war aber größer, als ihre Nüchternheit. Sie ließ sich auf das Experiment ein, nachdem ich ihr versicherte, dass ich sie nicht anfassen würde. Der Tumor schrumpfte in zehn Minuten von der Größe einer Walnuss auf die Größe einer Erbse.

Bis zum nächsten Tag wuchs der Tumor ein wenig, nach dem Ende der „neuen Behandlung" war er aber wieder nur ein Bruchteil seiner alten Größe. Am dritten Tag war die anfängliche Schwellung fast ganz weg. Éva ging am vierten Tag zum Arzt. Bei der ärztlichen Untersuchung stellte man eine Zyste fest, der Tumor war also nicht bösartig. In ein paar Wochen war der Tumor ohne weitere Behandlungen vollkommen verschwunden.

Wie habe ich das gemacht? Ist das möglich? Was sagt die moderne Physik darüber?

Damals hatte ich von diesen Dingen noch keine Ahnung, und interessierte mich auch nicht wirklich. Ich war stolz auf meine Leistung. Alles was ich wollte waren nur einige dankbare Worte. Ich habe auch versucht einige dankbare Worte oder etwas Ähnliches aus Éva herauszubekommen, es war aber hoffnungslos.

Ihre Reaktionen waren immer gleich, wenn ich sie danach gefragt habe. Ungefähr der „lass mich in Ruhe" und der „vergiss mich"-Gesichtsausdruck.

2

Der Gesichtsausdruck von Éva hat mich immer wütend gemacht, was hätte ich aber anderes erwarten sollen? Auch nach den einzelnen „Behandlungen" war sie genauso, als der Tumor von seinem Ausgangszustand in 10 Minuten auf einen Bruchteil geschrumpft war. So hat Éva immer festgestellt:

„Ja, er ist tatsächlich geschrumpft, ich glaube aber nicht, dass es deswegen war." Damit meinte sie, dass nicht ich der Verursacher der Verkleinerung war. Die so drastische Abwertung meiner Rolle kränkte mich. Warum erkannte sie meine Rolle dabei nicht? Das war mir einfach unverständlich. Es bedarf doch an Energie oder an Kraft oder an irgendetwas, dass ein Tumor mit einer Walnussgröße in 10 Minuten auf die Größe einer Erbse schrumpft! Von groß auf klein.

---

[2] *Bild © T. Lajtner von Frau © fizkes, Istockphoto.com, Editiert*

Es verändert sich. In gegebener Zeit. Dazu wird doch etwas gebraucht! Dieses etwas ist nur hier, wenn ich hier bin. Ist das nicht selbstverständlich?

Für Éva war es das nicht. Sie hat stur darauf bestanden, dass das ganze einen vollkommen anderen Grund hat. So hat sie mich aus der Rolle des Wundertäters völlig ausgeschlossen. Ich aber habe gewusst, dass ich die Verbesserung verursacht hatte. Damit wir beide Recht haben, habe ich die Debatte ungefähr so beendet, dass sie „meinetwegen das nächste Mal auch draufgehen kann", was die Dinge ein wenig vereinfachte, ansonsten aber akkurat war.

Es bleiben noch einige offene Fragen. Sozusagen Rätsel.

1. Warum ist Éva so ein undankbares Weib? Das bleibt ein ewiges Rätsel.

2. Wie war die Kraft des Gedankens zum Heilen fähig? Es wird am Ende des Buches enträtselt. Es hat nämlich eine physikalische Erklärung, während das Benehmen von Éva ...

Am Anfang nehmen wir ein naturwissenschaftliches Phänomen, das mehr als 200 Jahre bekannt ist und dessen Lösung uns auch zur Erklärung der heilenden Kraft des Gedankens näher bringt.

1.3. Schau mal, was sich da wellt!

Beobachten Sie bitte das folgende Bild. Das ist das Schema eines berühmten physikalischen Experiments. Man lässt ein Teilchen in Richtung der Spalte starten. Zwei Spalten. Gleichförmig. Durch welchen Spalt geht das Teilchen? Das wissen wir dadurch, welches Muster sich auf dem Bildschirm hinter den Spalten zeigt.

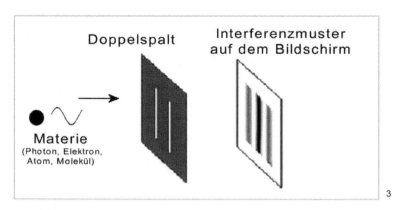

Wenn das Muster so aussieht, dann ist die Antwort:
gleichzeitig durch beide Spalten.

Das von Thomas Young (1773 – 1829) durchgeführte Doppelspaltexperiment ergibt ein erstaunliches Ergebnis. Danach tritt ein einziger Lichtstrahl gleichzeitig an zwei Stellen über, darüber hinaus interferiert er auch, er tritt nämlich mit sich selbst in Wechselwirkung. Das Experiment funktioniert mit Elektron, Atom und sogar Molekül auch. Was bedeutet das?

Wer schon im Kino war und sich einen Actionfilm ansah, weiß, dass eine Maschinenpistole viele Patronen enthalten kann. Was passiert, wenn ich das Magazin befülle und auf den Abzug drücke? Entweder ich schieße das ganze Magazin oder nur eine einzige Kugel

---

[3] *Public Domain © Johannes Kalliauer Wikipedia, Editiert, https://upload.wikimedia.org/wikipedia/commons/0/01/Double-slit_de.svg, Editiert*

aus. In den Filmen werden die Maschinenpistolen so sparsam nur von Scharfschützen benutzt, während die Gangster im Allgemeinen gleichzeitig aus zwei Maschinenpistolen feuern. Beide Maschinenpistolen gießen Kugeln aus und er feuert und feuert und feuert, bis das Magazin leer ist.

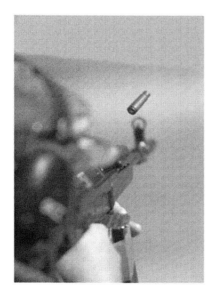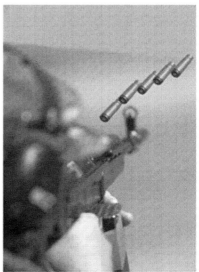

4

Der Scharfschütze schießt eine Kugel aus. Der Gangster viele.
Die Anzahl der ausgeschossenen Kugeln wird von den fliegenden
Patronenhülsen gezeigt.

Zum Doppelspaltexperiment werden zwei Actionfilmausschnitte benötigt. Ein Filmausschnitt mit einem Gangster und einer mit einem Scharfschützen. In einem wissenschaftlichen Experiment benutzen wir anstatt einer Maschinenpistole lieber eine Lampe. Sie hat auch den Vorteil, dass sie Photonen emittiert, die die Grundeinheiten des Lichtes sind.

Wir haben also eine spezielle Lampe. Entweder sie leuchtet normal, d.h. sie emittiert eine Photonenreihe, das ist der Gangster,

---

4 *CC0 jaroslavspanko05, Pixabay.com, Editiert*

wenn er mit Maschinenpistole feuert. Oder wir haben mit einem Scharfschützen zu tun, der von Zeit zu Zeit eine Patrone ausschießt, dann Stille. Später schießt er wieder, einen Schuss, und wieder Stille. Die Lampe emittiert in der Betriebsweise Scharfschütze ein Photon und wartet dann.

Wir wissen, dass das Licht eine Welle ist. Wellen sind durch die sog. Interferenz gekennzeichnet. Das heißt, wenn eine Welle eine andere Welle trifft, werden die beiden Wellen summiert. Zur Interferenz sind mindestens zwei Wellen notwendig. Abhängig davon, in welchem Takt sie begegnen, verstärken oder schwächen sie einander.

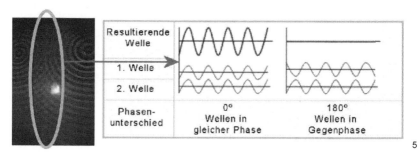

5

In obigem Fall ist die Frequenz der Wellen gleich. Versuchen Sie es in einem Glas Wasser! Zwei Wellen mit gleichem Takt (gleicher Phase) verstärken einander, zwei unterschiedliche schwächen oder löschen einander aus. (Die anderen Wellen gehen einfach übereinander.)

---

5 *Foto: BSD Armedblowfish, Wikipedia, 2006, https://commons.wikimedia.org/wiki/File:Two-point-interference-ripple-tank.JPG, Editiert; Sinusfunktionen: CC BY-SA 3.0 Haade, Wikipedia, https://commons.wikimedia.org/wiki/File:Interference_of_two_waves.svg, Editiert*

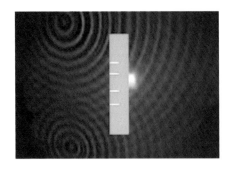

Das Bild auf der vorherigen Seite zeigt Wellen, die von zwei ins Wasser fallenden Tropfen entstanden. Die Linien auf dem blauen Streifen zeigen die Stellen, wo die Wellen die Einrichtung erreichen würden, wenn das blaue Rechteck eine Messeinrichtung wäre, die von der Wellen registriert werden. Ich gab einige Treffpunkte an.

Und jetzt das Experiment! Wir stellen die Lampe hinter eine Wand. In die Wand schneiden wir zwei Löcher. In dem Fall des Gangsters (gelbe Lampe) erscheint das braune Muster auf dem blauen Lichtsensor. So viele Treffer bekommen wir auf bestimmten Stellen des Bildschirmes. Die Abbildung ist übertreibend, wir bekommen Treffer auch an anderen Stellen, aber die meisten Treffer kommen auf diesen Bildschirmteilen an.

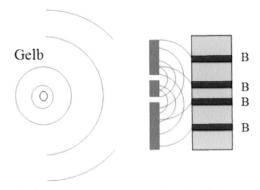

6

Die Farben haben keine Bedeutung, sie machen die Erklärung verständlicher.

---

6 © T. Lajtner, Lajtnermachine.com

17

Was für ein Bild bekommen wir auf dem Detektor, wenn die Lampe in die grüne Stellung, d.h. Stellung Scharfschütze, geschaltet wird? Wenn wir mit dem Algorithmus einen Schuss, Pause, einen Schuss, Pause, einen Schuss, Pause ... arbeiten, würden wir erwarten, dass die Photonen nur in den beiden grünen Bereichen zuschlagen. Es gibt keinen Partner, mit dem eine Interferenz entstehen könnte, deshalb wird kein Interferenzbild erscheinen. Aber es geschieht nicht so.

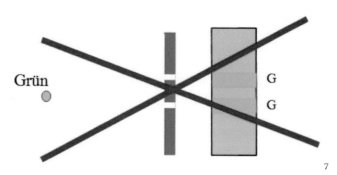

Die Farben haben keine Bedeutung, sie machen die Erklärung verständlicher.

Die Photonen zeigen genau dasselbe Muster in dem Film des Scharfschützen, wie in dem Gangsterfilm, wo der verrückte Gangster feuert. Das bedeutet, dass ein einziges Photon mit sich selbst interferiert!

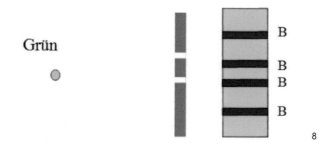

Nur aufgrund des Bildes auf dem Detektor könnten wir nicht feststellen, ob der Gangster oder der Scharfschütze feuerte.

Die heutige, gewöhnliche Interpretation der Erscheinung sagt, dass das Teilchen durch die zwei Spalten gleichzeitig durchgehe. Auf Deutsch: Das Teilchen befindet sich gleichzeitig an zwei Stellen, sonst könnte keine Wellenform vorkommen. Diese Ansicht wurde von Niels Bohr (1885 – 1962) berühmt gemacht, und sie ist die offizielle (akademische) Erklärung des Doppelspaltexperiments.

Das Experiment ergibt ein nahezu mystisches Ergebnis. Wenn z.B. der Scharfschütze bei einer gleichen Versuchsanordnung einen Photonschuss in verschiedenen Städten von Europa abgeben kann, und wenn die verschiedenen Zielscheiben übereinander gestellt werden, d. h. wenn die Treffer in ein einziges Bild aufeinander kopiert werden, erscheint der Interferenzcharakter. Unabhängig davon, wo und wann unser Scharfschütze schoss.

Zur Lösung des Geheimnisses des Interferenzbildes könnten wir messen, welches Teilchen durch welchen Spalt geht, oder … Das können wir leider nicht. Wenn wir bestimmen, durch welchen Spalt es geht, hört es auf, sich als Welle zu verhalten und die gestrichene Abbildung ergibt sich. Wir messen entweder ein Teilchen oder eine Welle. Beide zusammen jedoch nicht. Es gibt neuerdings Experimente (z.B. Mizuchi-Ohtake), die beabsichtigen bei einem Photon beide gleichzeitig nachzuweisen. Der „Nachweis" bedeutet, dass beide Eigenschaften sich erfüllen sollen, wenn das Photon die Versuchsbahn durchläuft. Sie erfüllen sich, aber die Messung erfolgt nur am Ende der Bahn. Das Photon passt sich an die Umstände an. Einmal Teilchen, einmal Welle, wenn wir es nicht messen.

Zur Interferenz sind Wellen notwendig. Das Interferenzmuster, wenn wir nicht zuschauen, entsteht mit jedem Teilchen, nicht nur mit Photon. Wie erklären die Physiker die Tatsache, dass eine einzige Welle mit sich selbst interferiert? Nach Richard Feynman (1919 – 1988) begeht das Photon alle Wege der Welt mit einer bestimmten Wahrscheinlichkeit und dabei interferiert es mit sich selbst. Das ist vielleicht eine gute Erklärung für die Physiker, für mich ist es sinnlos.

Eine schönere theoretische Lösung wäre, wenn wir annehmen, dass etwas anderes mit sich selbst interferiert, zum Beispiel so etwas, was mehrere Wellen statt einer hat. Das Ergebnis des Doppelspaltexperimentes sieht meiner Meinung nach so aus, als ob wir winzige Schiffe aufs Wasser setzen.

An den Stellen des Ufers, wo die Schiffe anstoßen, würden wir ein Interferenzbild finden. Wir würden sagen, dass die Schiffe interferieren. Die Schiffe aber, wie bekannt, interferieren nicht. Im Gegenteil zu Wellen des Wassers.

Wo befindet sich dieses wellende „Etwas", dieses geheimnisvolle Ding in dem Doppelspaltexperiment? Wo sich das Wasser befindet: unter dem Schiff.

Wenn das Photon das Schiff ist, dann unter ihm. Was gibt es unter ihm? Etwas, auf dem das Photon schwimmt. Offenbar nicht genauso, wie das Schiff auf dem Wasser schwimmt, aber das Photon geht darauf vorwärts und nicht unabhängig davon. Die Wellen des Wassers können miteinander interferieren, so wiegt sich das Schiff hinweg. Das Photon kann hingeraten, wohin es hinkommen kann, weil das „Wasser" unter ihm interferiert.

---

[9] CC0 OpenClipart-Vectors, Pixabay.com, Editiert

Okay, hier haben wir nicht mit Wasser zu tun, aber mit etwas, was wellen kann und worauf die Teilchen reisen können. Gibt es so etwas? Sicher. Dieses Rätsel ist gelöst, wenn wir annehmen, dass der Raum wellen kann.

Kann der Raum wirklich wellen? Ja, er kann. Das amerikanische Milliardenprojekt LIGO hat es 2015 gemessen. Wenn jemand so reich ist, kann es nicht schlecht messen, sagt die öffentliche Meinung. Von nun an ist die Raumwelle eine Tatsache.

Der LIGO-Interferometer soll die Gravitation als Wellen der Krümmung der Raumzeit messen. Die Gravitation hat keine ausschließliche Definition. Die Krümmung der Raumzeit ist eine der Definitionen. Der Raum-Materie-Theorie nach, die Gravitation ist ein Produkt der Raumwellen. Also ich darf sagen, LIGO beweist die Existenz der Raumwellen.

So kann ich heute behaupten, dass in dem Doppelspaltexperiment keine Teilchen miteinander interferieren. Sondern? Die Wellen des Raumes interferieren miteinander. Das Teilchen treibt auf diesen Wellen.

Seien wir ehrlich, ist die Existenz der Raumwellen eine Überraschung? Nein, ohne Wellen wäre z.B. der Casimir-Effekt nicht möglich. Der Casimir-Effekt ist ein quantenphysikalischer Effekt, entdeckt in 1948 von Hendrik Casimir (1909 – 2000).

Setzen wir zwei, sehr kleine, parallele Platten (A, B) im Raum (im Vakuum)! Sind sie voneinander nicht zu weit, werden sie sich treffen. Ziehen sie einander? Nein. Werden sie von einer Kraft zusammendrückt? Ja. Das ist der Casimir-Effekt. Woher stammt diese drückende Kraft? Um den Casimir-Effekt zu erklären, brauchen wir Wellen. Die akademische Physik meint, die virtuellen Teilchen des Vakuums (als Wellen) generierten diese Kraft.

Ich bin der Meinung, dass die Raumwellen diese Kraft des Casimir-Effekts verursachen.

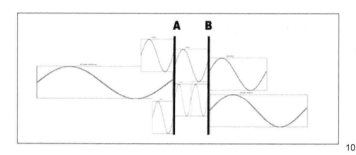

Raumwellen und Casimir-Effekt

Es gibt viele Raumwellen. Länger und kürzer. Die Mehrheit der Raumwellen kann nicht zwischen A und B erscheinen, hier existieren weniger Wellen als überall. Mehr Wellen bedeuten größere Kraft, also A und B werden zusammengedrückt. Diese Lösung ist eleganter als die Lösung mit virtuellen Teilchen. Jetzt können wir mit den Raumwellen zwei Phänomene erklären: den Doppelspalteffekt und den Casimir-Effekt.

Oder sogar mehr? Kann man die Gravitation mit Raumwellen erklären? Drücken vielleicht die Raumwellen die Massen zusammen? Keine schlechte Idee ...

Also der Raum hat Wellen. Wusste es niemand vorher?

Sie werden überrascht sein. Niemand! Oder: Wenn er es vermutete, hatte und hat er Angst, es auszusprechen. Denn es stand nicht in den Lehrbüchern.

Ich baute meine ganze Raum-Materie-Theorie auf die Raumwellen auf, deren Existenz ich als logische Erklärung für reale physikalische Ereignisse annahm. Auch ohne LIGO kam ich darauf, dass die Wellen des Raumes existieren, und das Doppelspaltexperiment bringt einen Beweis dafür. Gibt es eine andere Erklärung für das Doppelspaltexperiment? Nur mathematische Abstraktionen. Diese sind als theoretische Modelle gut, aber in Wirklichkeit funktionieren die Sachen einfacher. Zum Beispiel geben die Wellen des Raumes

---

[10] © *T. Lajtner, Lajtnermachine.com*

eine viel einfachere Lösung als die Erklärung, dass jedes Teilchen, Atom, Molekül das ganze Universum begeht. Seien wir ehrlich: Hat ein Molekül jemals das ganze Universum während der Zero-Zeit begangen? Nur dann, wenn wir die Welt einfacher und eleganter nicht beschreiben können.

1.4. Mein erstes Gedankenkraft-Computer-Interface

Offen gesagt hat das ablehnende Verhalten von Éva meine damaligen, noch etwas verschwommenen Vorstellungen über die Kraft der Gedanken kein bisschen beeinflusst, aber nach der erfolgreichen Bravurheilung habe ich mich aber jahrelang nicht mit der Kraft der Gedanken beschäftigt. Auf einmal habe ich dann doch damit angefangen. Von einer plötzlichen Idee durchdrungen habe ich angefangen mit verschiedenen Gegenständen verschiedene Experimente zu machen. Das Wesen der Experimente war immer dasselbe, ich sitze, das Objekt bewegt sich, und was es bewegt, ist mein Gedanke.

Ich habe herausgefunden, dass ich mechanische und quantenmechanische Veränderungen damit erzeugen kann, wenn ich es 'will'. Lange habe ich mit diesem Ergebnis nichts anfangen wollen. Es war einfach zu selbstverständlich für mich, dass der Gedanke in Wahrheit Energie ist, und es wirklich dazu fähig ist, in den angemessenen Geräten entsprechende Änderungen zu erzeugen. Es ist mir nicht in den Sinn gekommen, dass dies einen Wert hat. Das ist eine Methode und das war's. Dann habe ich es langsam begriffen. Wenn die Menschen diese Methode erlernen, und einige Instrumenten kaufen, mit denen sie spielerisch und voll Freude üben können, werden sie dazu fähig sein, ihre Gedanken zu „verstärken".

Ich habe mir vorgenommen, ein Set aus solchen einfachen Geräten zusammenzustellen, womit man die Kraft der Gedanken trainieren kann. Ich habe es gemacht. Auf der Box steht Lajtner Machine (Move real things with your thoughts!) (Lajtner Maschine. Bewegen Sie reale Objekte mit Gedanken!). Die Geschichte war aber länger und komplizierter als das. Es gibt eine ganze Reihe. Was war mein Ausgangspunkt? Ich hatte nichts, nur meinen Gedanken. Also bevor ich den Menschen irgendein Gerät gegeben hätte, erschien es sinnvoll, zuerst mir selber eins zu machen. Warum habe ich dieses Gerät gebraucht? Damit ich mir die Denkweise vorstellen kann, mit denen man auf Objekte, die weiter weg sind, eine Kraft ausüben kann.

Was für ein Gerät soll ich machen? Ich habe einige meiner Bekannten gefragt. Hier sind einige Antworten:

„Man muss damit ein Auto auf einer Rundbahn navigieren." (Die Person war früher Rennfahrer.)

„Wir ziehen uns bis auf die Badehosen aus. Wir haben eine Tür vor uns. Wenn du sie mit der Kraft der Gedanken öffnest, ist das schon was!" (Der Benannte war kein Bademeister, die Badehose hat er aus unverständlichen Gründen betont.)

„Ich glaube, man müsste so etwas machen, was es noch nicht gibt." (Hmm, tja ... große Hilfe.)

„Das einfachste ist ein Computer. Es könnte sich ein Cursor bewegen!" (Jemand soll mir bitte erklären, wenn ich mit Gedanken einen Computer steuern kann, warum soll ich gerade den Cursor nehmen?) – Damals waren noch keine Smartphones, so ohne Cursor hat man kein Computer vorstellen können.

Abgesehen von diesem kleinen Makel, erschien mir das Letzte die beste Idee zu sein. Zudem ist es verblüffend einfach so eine Konfiguration zusammenzustellen. Fassen wir es zusammen! Was will ich machen? Vorstellen, dass der Gedanke Kraft, Energie hat. Womit? Mit Hilfe eines Computers. Dazu braucht man die passende Hardware und die passende Software. Mit welchem Ziel? Damit die Menschen es sehen, es verstehen und anfangen es zu benutzen. Fangen wir mit der Arbeit an!

Gebraucht wird also ein Computer, der meinen Gedanken gehorsam ist. Das ist der Computer, der mit der Energie der Gedanken steuerbar ist (Thought-run Computer). Was erwarte ich von diesem PC? Ungefähr das: Wenn ich an ‚ja' denke, dann soll der Computer ‚ja' auf den Bildschirm schreiben. Wenn ich an ‚nein' denke, dann soll der Computer ‚nein' auf den Bildschirm schreiben. Wenn ich weder an ‚ja' oder an ‚nein' denke, dann soll er nichts auf den Bildschirm schreiben.

Um diese Konfiguration zu erschaffen, und dass ich es bedienen kann, habe ich drei Dinge gebraucht.

Erstens habe ich fokussierbare und jederzeit einfach hervorrufbare ,energische Gedanken' gebraucht. Ich habe ein solches Konzentrationsverfahren entwickelt, was dies herausbildet bzw. möglich macht. Seine Wirkung ist, dass der Gedanke energischer und fokussierbarer wird, und das jederzeit wiederholt werden kann. Der Name des Verfahrens: Typ-L Denkfähigkeit oder anders gesagt Denkfähigkeit, die Kraft hervorruft (Power Thinking). Der energische Gedanke war also da. Ich selber habe es auch ab und zu geübt, es wäre aber übertrieben zu behaupten, dass ich es übertrieben hätte.

Danach blieben zwei Fragen offen. Die erste: Was für ein Gerät ist es, was dazu fähig ist, die Energie des Gedankens zu erfassen? Die Typ-L Denkfähigkeit (Power Thinking) hat mir gezeigt, dass alles die Energie des Gedankens wahrnimmt. Alles, überall. Alles ist aber kein konkreter Gegenstand. Hauptsächlich weil sich auch eine andere Frage ergeben hat. Wenn „alles" meine Gedanken erfasst, woher wird dann der Computer wissen, was ich gewollt habe? So ist die Zahl der in Frage kommenden Möglichkeiten auf ein Gerät geschrumpft, was dem Computer gut verarbeitbare Signale geben kann. Ich habe mehrere solche Geräte gefunden. Das offensichtlichste war ein Gerät mit einem geeigneten elektronischen Stromkreis. Das verarbeitbare Signal kommt hier als Ergebnis der quantenmechanischen Bewegung (in Form von Elektronlauf) zustande, was von meinen gedanklichen Energien hervorgerufen wird.

Ich hatte also energische Gedanken und auch einen solchen Sensor, der dem Computer diese übermittelt hat. Eine Frage blieb aber noch offen. Wie wird daraus eine Computer-Steuerung? Wenn wir die Gedanken-Energie-Funktion betrachten, stellt sich früher oder später heraus, dass die Energie des Gedankens nicht so funktioniert, wie wir es uns vorstellen. In seiner Charakteristika gibt es mehrere Überraschungen. Mit genügend Glück und mit ausreichender Anzahl von Messungen sind diese Charakteristika aber gut durchschaubar. Durchschaubare Charakteristika sind verwendbare Charakteristika. Dazu braucht man lediglich ein geeignetes mathematisches Modell, bzw. dessen Software-Version. Ich möchte hier angeben, dass diese Funktion von dem Zufall nicht vollkommen frei ist, in meinem Fall zeigt er in 10 Fällen, 7 – 8 Mal das richtige an. Die 2 – 3 fehlerhaften Angaben ergeben sich wahrscheinlich davon, dass das Instrument, womit ich dieses Verhältnis bemessen habe, zu unpünktlich und noch fragmentär ist, und das der Gedanke, als physische Signalreihe sich auch nicht ganz so verhält, wie er das ‚sollte'. 7 – 8 von 10 Mal ist meiner Meinung nach ein gutes Verhältnis, darauf kann man schon ein Modell aufbauen.

Der Computer ist mit der Hilfe der Gedanken steuerbar geworden. Ich habe es gebaut. Die Maschine funktioniert.

etwa in 2004

[12]

Ich habe ihn einigen meiner näheren Bekannten vorgestellt. Die Konfiguration hat prima funktioniert. An sich hat das aber niemanden interessiert. Die Menschen saßen in der Falle ihrer eigenen Gedanken, und haben gesehen, was sie sehen wollten. Und das wollten sie nicht sehen.

Ich habe mich wieder mit Éva, der Frau mit den tausend Gesichtern, getroffen. Genauer gesagt traf ich mich mit der größten Herausforderung. Wie sollte ich die Menschen davon überzeugen, dass sie sehen, was sie sehen? Die Ungläubigkeit (oder eben der Glaube) der Menschen ist grenzenlos. Nach Éva hat mich diese Erfahrung

---

[12] © T. Lajtner, Lajtnermachine.com

nicht ganz unerwartet getroffen, doch das Ausmaß der Ungläubigkeit verblüffte mich. Vergebens habe ich es erklärt, gezeigt, bewiesen...geholfen hat nichts. Die Erleuchtung kam: Wer es nicht sehen will, der wird es auch nicht sehen.

András, ein Bekannter von mir, ist ein vielfacher Erfinder. Er fühlt sich jeder Neuigkeit sehr offen zu sein. Ich habe ihm das elektronische Ding gezeigt, was den Cursor auf dem Bildschirm bewegt. Zu der Wahrheit gehört auch, dass der Cursor in dieser Version in die Richtung ging, in die er wollte, man konnte ihn nur in Bewegung setzen oder anhalten, wie ich erwähnt habe, mit bestimmter Wahrscheinlichkeit und einiger Übung.

„Was ist das? Das ist nichts! Wann setzt es sich in Bewegung? Wann geht es in die eine oder andere Richtung?"

„Der Grundsatz ist stochastisch. Ansonsten ist nicht die Richtung, was zählt."

„Du solltest es verbessern, damit es funktionaler wird. Ansonsten setzt es sich bei mir nicht in Bewegung. Okay, doch, aber es hält nicht an. Warum geht es nicht nach oben? Ich will, dass es nach oben geht - es geht aber nach rechts. Das funktioniert nicht, nur in deiner Phantasie. Wenn ich das so will, soll der Cursor nach oben gehen! Das ist die wahre Gedankensteuerung!"

„Wenn ich etwas mit Gedanken steuere, dann braucht man keinen Cursor, das ja-nein Zustandspaar reicht aus. Zum Beispiel: er setzt sich in Bewegung, er hält an."

„Zwei Zustände sind zu wenig. Mehr ist nötig."

„Mehrere Zustände sind auch herstellbar. Drei Zustände sind sogar mit einem einfacheren mechanischen Ding zu realisieren."

András war wie ausgetauscht als er das Wort mechanisch gehört hat. Er hatte die Gelegenheit dazu, das Gespräch von dem jetzigen Zustand in eine andere Richtung zu leiten. Für die Zahl der Zustände hat er sich nie mehr interessiert.

„Elektronische Dinge sind nicht gut. Ich sehe nicht, was sie machen. Alle funktionieren wie eine Blackbox. Das hier funktioniert nicht einmal. Es ist falsch. Du kannst es rauswerfen. Wenn es deiner Meinung nach wirklich möglich ist mit Gedanken eine Kraft auszuüben, mach es mechanisch. – Er hat die Zukunft immer mehr in einer mechanischen Lösung gesehen. – Du musst es mechanisch lösen, weil das hier und so nichts wert ist. Du musst es so lösen, dass ich die Arbeit des mechanischen Interface sehen kann. Es ist dann glaubhaft, wenn ich sehe, dass das die Konsequenz hiervon, und das die Konsequenz davon ist. Im Klartext also: ich verstehe, wovon was kommt. Keine Blackbox, das soll das Ziel sein. So wie es jetzt ist, ist das eine große Null."

Um der Geschichte treu zu bleiben, muss ich hinzufügen, dass András nicht den Ausdruck „eine große Null", sondern ein weniger elegantes, alltäglicheres Synonym dessen benutzte.

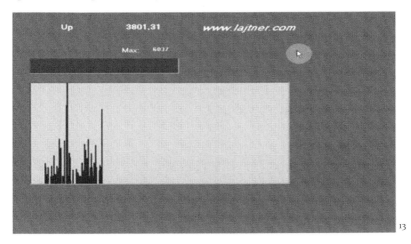

Bildschirmfoto der Software von 2006. Video zum Bild: http://www.lajtner.com/gedankenkraft.html

Die Kraft des Gedankens ist messbar. Bildschirm meines ersten Gedankenkraft-Computer-Interface aus ca. 2005 – 2006. Hier bewegt

---

[13] © *T. Lajtner, Lajtnermachine.com*

der Gedanke den Cursor. Der rote Streifen zeigt die maximale Geschwindigkeit des Cursors, die blauen Säulen zeigen die gemessene Geschwindigkeit des Cursors.

Hier bewegte der Gedanke Elektronen in einem Halbleiter. Wie kann die Kraft des Gedankens dazu fähig sein? Ich habe gesagt, wie viele Rätsel zu lösen sind, nicht wahr? Außer Éva – die anderen werden aber gelingen!

Aber nicht nur in der Kraft des Gedankens und nicht nur in der Physik gibt es ungelöste Rätsel. Die ganze Erdkugel ist voll mit riesigen Bauten unbekannter Herkunft. Wozu dienten diese, wer baute sie, wie? Sehen wir uns einen an! Los, nehmen Sie Ihren Rucksack!

14

---

[14] *CC0 pcdazero, Pixabay.com*

1.5. Nazca: Bilder von interstellaren Künstlern?

Nazca-Linien

Was sind die Nazca-Linien? Die Nazca-Linien befinden sich in Peru (Süd-Amerika) neben dem pazifischen Ozean, auf der Hochebene Pampas de Jumana.

15

Küste

Neben den Linien befinden sich geometrische Scharrzeichnungen, Figuren, die Menschen und Tiere darstellen. Die Figuren sind nur aus der Vogelperspektive erkennbar. Wenn man auf dem Boden steht, sind diese nicht zu sehen. Das Mysterium der Nazca-Linien und Bilder stammt genau von dieser „Unsichtbarkeit". Wer hat auf diese ungefähr 500 km² große Fläche mehr als 10 km lange, präzise Linien und mehrere zehn, sowie mehrere hundert Meter große Figuren gezeichnet?

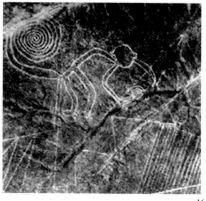

16

Wer hat diese gemacht? Was bedeuten diese Linien und Figuren? Aus welchem Grund wurden sie gemacht? Viele haben schon versucht diese Fragen zu beantworten, die ultimative Antwort wurde aber noch nicht gefunden. Die Antworten können ungefähr in diese Kategorien eingestuft werden.

In der Tabelle auf der nächsten Seite sind mehrere verschiedene Möglichkeiten zu finden. Keine davon ist wirklich bahnbrechend, es gibt aber manche, die besser sind, als die anderen. Ich kenne die Lösung des Mysteriums auch nicht, kann aber eine neue Sichtweise anbieten. Die erste Frage: Wer hat das alles gemacht? Erdebewohner? Oder Astronauten von einer fremden Welt? Und warum haben sie das gemacht? Wir wissen es nicht.

Obige Gedankenfolge stellen drei einfache Fragen.

Wo kamen die Astronauten her? Keine Ahnung, die Welt ist zu groß.

---

[16] *Nazca-Linien, CC BY-SA 3.0 Cnes - Spot Image, Wikipedia, https://en.wikipedia.org/wiki/Nazca_Lines#/media/File:Nazca_Lines_SPOT_1311.jpg; Nazca-Affe, Public Domain © Maria Reiche, Wikipedia, https://commons.wikimedia.org/wiki/File:Nazca_monkey.jpg*

Die andere Frage ist: Wie überquerten die Astronauten die unglaublichen Entfernungen des Universums? Nun, dazu kann ich etwas sagen, bei der Antwort hilft die Raum-Materie-Theorie.

Wie sind sie hier gekommen? Mit Raumschiff. Natürlich. Mit einem einfachen Raumschiff? Nein, mit einem interstellaren Raumschiff. Warum? Weil sie sehr weit wohnen.

Na ja, nicht jeder kann hier geboren werden!

Wer hat die Zeichnungen gemacht?	Was sind die Zeichnungen und Figuren?	Aus welchem Grund?	Meine eigene Meinung
Lokale Einwohner	Religiöse Symbole	Aus religiösen Gründen	Das heißt: „Wir haben keine Ahnung" – wissenschaftlich ausgedrückt
Lokale Einwohner	Ergebnisse von Beobachtung	Zum Zweck der Dokumentation von Objekten am Himmel	Eine sinnlose Erklärung wegen der Struktur der Figuren
Lokale Einwohner	Wasserleitung		Bloß nicht!
Ureinwohner aus prähistorischer Zeit	Schauplatz von Ritualen Ereignissen		Auch ein Fall von „wir haben keine Ahnung" in der Wissenschaftssprache
?	Sternzeichen	?	?
Fremde Weltraumfahrer	Landeplatz	Um landen zu können	Ist das ernst gemeint?
Fremde Weltraumfahrer	Die Erklärung kann nicht nur bei Nazca gefunden werden, die Linien sind auf der ganzen Erde zu finden	Aus wissenschaftlichen Gründen	Ein bisschen kompliziert

Wo wurden wir geboren?

Vor ein paar hundert Jahren war die Antwort auf diese Frage die folgende: in der Mitte der Welt. Die Erde war die Mitte der Welt. Kopernikus, Bruno, Kepler und Galilei (in den 15. und 16. Jahrhunderten) waren die Ersten, die erkannten, dass die Erde nicht der Mittelpunkt der Welt ist, sondern ein Planet, der um die Sonne kreist. Was ist ein Planet? Ein Planet ist ein Himmelskörper, der über eine bedeutende Masse verfügt, und aus messbarem Material besteht. Meistens kreist ein Planet um einen Stern, er hat kein eigenes Licht (er erzeugt keine nukleare Energie), und besitzt genug Masse, um eine Kugelform anzunehmen. Es gibt viele Planeten, davon befinden sich acht im Sonnensystem und viele außerhalb. Diese sind die extrasolaren Planeten oder Exoplaneten, die um andere Sterne kreisen. Tag für Tag entdecken wir immer mehr von ihnen. Die neuesten Forschungen haben gezeigt, dass im interstellaren Raum auch zahlreiche Planeten existieren, deren Zahl sogar die Zahl der Sterne übersteigen mag.

Was ist ein Stern? Ein Stern ist ein Himmelskörper, der nukleare Energie erzeugt, und so über ein eigenes Licht verfügt. Die Sonne ist ein Stern und der Mittelpunkt unseres Sonnensystems. Alle anderen Mitglieder des Sonnensystems umkreisen die Sonne.[17]

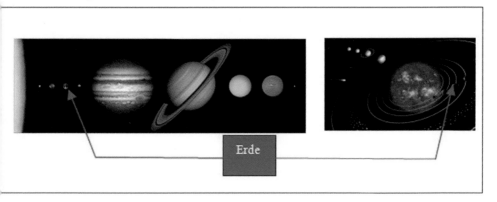

Die Planeten des Sonnensystems werden auf den Bildern anhand zweier Aspekte dargestellt Das erste Bild zeigt ungefähr das Größenverhältnis der Planeten, das zweite veranschaulicht ihre Entfernung zur Sonne. Die Erde ist der dritte Planet von der Sonne aus betrachtet, nach der Erde folgen noch *fünf* weitere. Die Erde ist von der Sonne durchschnittlich 150 Millionen km entfernt, bis der Jupiter

---

[17] *Public Domain NASA, https://solarsystem.nasa.gov/images/galleries/solarsys_scale.jpg; Public Domain © Harman Smith and Laura Generosa, NASA, https://commons.wikimedia.org/wiki/File:Solar_sys.jpg*

ungefähr *fünfmal* so weit entfernt ist. Die Erde-Sonne Entfernung ist wichtig für diejenigen, die sonstige Zeichen des Lebens außerhalb der Erde suchen. Diese Entfernung bestimmt die sogenannte Lebenszone (habitable Zone), wo die für uns bekannte Form des Lebens entstehen kann. Die Lebenszone kann der Sonne nicht zu nah sein, aber auch nicht zu weit entfernt.

Das Sonnensystem ist der Teil eines größeren Systems, der Milchstraße. Die Milchstraße ist eine Galaxie und ihr Durchmesser beträgt 100.000 Lichtjahre. Das bedeutet, dass das Licht hunderttausend Jahre benötigt, um vom einen Ende zum anderen zu gelangen. Das ist eine sehr große Weite – hier kann man nicht so einfach zum Nachbarn rübergehen. Der uns nächste Nachbarstern ist über 4 Lichtjahre entfernt. Um diese Größenordnung besser zu verstehen, habe ich eine begreifbare Parallele: Wenn die Sonne ein Schweizer Apfel ist, dann ist die Erde ein Schweizer Apfelkern, der 20 Meter von dem Apfel entfernt um den Apfel kreist. Wir finden den nächsten Apfel in den USA, ungefähr 10.000 km von dem Schweizer Apfel entfernt.

Galaxien sind große, verbreitete Systeme, meist aus Himmelskörpern, Sternen, interstellaren Gasen, Planeten, Staub und unsichtbarer dunkler Materie, die von der Gravitation zusammengehalten werden. Laut derzeitigen Schätzungen und Berechnungen befinden sich mehr als 100 Milliarden Galaxien innerhalb der Grenze, die noch mit bloßem Auge und verschiedenen Messgeräten zu sehen ist. Eine Galaxie kann über 10 Millionen und 1.000 Milliarden Sternen verfügen. Die sind mit Planten und Monden ergänzt.

Dazu kommen die Nebel, die Wolken und andere Objekten. Eine Galaxie enthält also sehr viele Himmelsköper.

Laut unseres heutigen Wissens bewegen sich alle Objekte in der Milchstraße um den Mittelpunkt dessen. Die Sonne und auch wir. Unser Sonnensystem macht diesen Rundgang in ungefähr 200 – 250 Millionen Erdjahren. Wie sieht die Milchstraße aber von oben aus? Wir wissen es nicht. Berechnungen nach so:

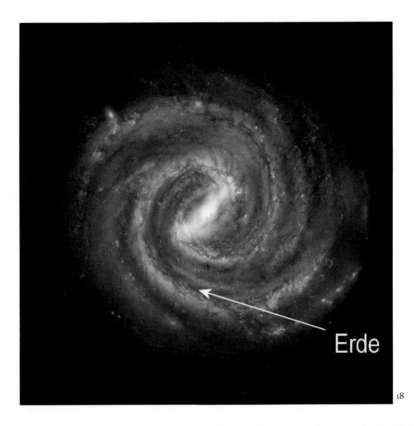

Erde

Die Milchstraße ist eine Spiralgalaxie, die Arme hat. In der Milchstraße gibt es 200 – 300 Milliarden Sterne. Der Mittelpunkt des Milchstraßensystems ist von der Sonne ungefähr 25.000 Lichtjahre entfernt. Das Sonnensystem bewegt sich etwa mit 1 Millionen km/h um den Mittelpunkt der Galaxie, und macht so in ungefähr 200 – 220 Millionen Jahren eine Umrundung. Das ist ganz schön schwindelerregend! Wie kreist die Erde, oder besser gesagt, wie kreisen Sie? Seien wir ehrlich, wir können es uns gar nicht mehr vorstellen, welche Bewegung wir in dieser Sekunde machen, obwohl wir eventuell

---

[18] *Public Domain © Nick Risinger, Wikipedia, https://commons.wikimedia.org/wiki/File:Milky_Way_Galaxy.jpg*

gerade sitzen. Wir sitzen mit 1 Millionen km/h. Es war viel verständlicher, als die Sonne noch um die Erde kreiste.

Die Galaxien sind Teil eines größeren Systems, der sogenannten Galaxiegruppen, mit durchschnittlich 12 – 20 Galaxien pro Gruppe. Der Durchmesser dieser Gruppen ist einige Millionen Lichtjahre. Das bedeutet also, dass das Licht von der einen Seite der Gruppe zu der anderen einige Millionen Jahre benötigt, um dort anzukommen.

Die nächste Einheit ist der Galaxienhaufen. Der Galaxienhaufen beinhaltet 100 bis 1.000 Galaxien, und sein Durchmesser beträgt zwischen 10 und 20 Millionen Lichtjahre. Die Galaxienhaufen werden von allen größeren Systemen so unterschieden, dass die Ausdehnung des Weltalls diese Haufen nicht zerreißt. Die Gravitation hält also den Haufen zusammen. Die Galaxienhaufen sind die größten Systeme, die von der Gravitation zusammengehalten werden können.

Die nächstgrößte himmlische Einheit ist der Supergalaxienhaufen. In einem solchen Supergalaxienhaufen gibt es durchschnittlich 10.000 Galaxien. Das Sonnensystem gehört zum Virgo Supergalaxienhaufen, der über einen Durchmesser von 110 Millionen Lichtjahren verfügt. Ist die Liga, in der wir spielen, aber wirklich so klein? Auf keinen Fall!

Seit 2014 ist Virgo nur ein Teil des Supergalaxienhaufens Laniakea, der 520 Lichtjahre lang ist. Laniakea (Laniakea = unermesslicher Himmel) hat sich für uns durch die neue Beschreibung der Galaxien sichtbar gemacht. In diesem Superhaufen bewegte sich alles in Richtung des Großen Attraktor (The Great Attractor) – sagen die mathematischen Modellen. Diese Bewegung ist keine Bewegung um einen bestimmten Mittelpunkt, sondern eine Bewegung in eine bestimmte Richtung, wie man es auch anhand desnächsten Modells sieht. Die kleinen schwarzen Pfeile zeigen die Richtung der Bewegung der Galaxien. Die weißen Linien zeigen die Bahnen der Galaxien. Das „künstlerische" Bild von Laniakea habe ich gemalt. Es ist nicht maßstabgetreu, aber ausdrucksvoll.

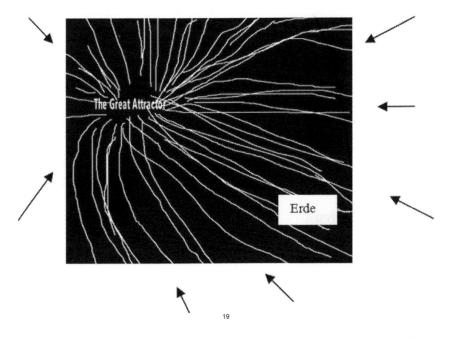

Wie weit sind Supergalaxienhaufen voneinander entfernt? Sehr weit. Der leere Raum zwischen ihnen ist sehr oft größer als der Raum, den die Supergalaxienhaufen umfassen. In einer so großen Welt können die Astronauten uns anhand einer genauen Adresse besuchen. Diese lautet jetzt folgendermaßen: Erde, Sonnensystem, Milchstraße, lokaler Haufen, Virgo Supergalaxienhaufen, Laniakea (auf dieser Seite vom Großen Attraktor, auf dem die Nazca-Linien sind ☺).

Es scheint so, dass Laniakea auch nur ein Teil von Etwas wäre. So schnell wie sich das Weltbild verändert, kann man keine genaue Adresse angeben. Echt Glück, dass wir die Nazca-Linien haben.

---

[19] © *T. Lajtner, Lajtnermachine.com*

Was zeigen die Nazca-Linien?

Sehen wir uns jedoch vorher noch diese Karte aus Wikipedia an:

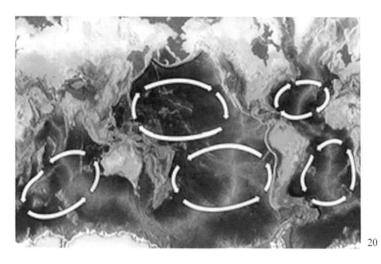

20

Es handelt sich hierbei um Meeresströmungen (auf der Erde), die nur mit Erfahrung oder Messung erfassbar sind.

Wie wir oben gesehen haben, gibt es im Weltall auch verschiedene Strömungen, wir kennen aber nur einen Bruchteil. Die Strömungen kennen nur diejenigen wohl, die diese erfahren oder gemessen haben.

---

[20] *Public Domain NOAA, Wikipedia, https://en.wikipedia.org/wiki/File:Oceanic_gyres.png*

Wenn die langen Nazca-Linien solche Strömungen symbolisieren, können diese kaum von Erdlingen gemacht worden sein. Wenn diese nicht von Erdlingen gemacht wurden, dann von wem? Von Weltraumfahrern, die aus dem Weltall gekommen sind? Wofür haben sie diese gemacht? Für sich selbst? Das ist nicht sehr wahrscheinlich. Für Erdlinge? Kaum, da diese keine Raumschiffe gehabt haben, und auch keine Flugzeuge, um sich die Figuren ansehen zu können. Für wen dann?

Gibt es eine Lösung, die Sinn macht? Ja, aber nur dann, wenn es viele voneinander separat fahrende Raumfahrer gab, die die Welt durchreist haben, und die von der Existenz der anderen Raumfahrer wussten. Alle von diesen Weltraumfahrern haben die Himmelskörper nach irgendeinem einheitlichen Konzept identifizieren sollen. Die Lage von Sternen und Galaxien könnte durch Figuren identifiziert worden sein. Darin gibt es nichts Neues. Wir selber benutzen Namen, um die Stellung der Sterne zu kennzeichnen. Könnten das andere nicht auch gemacht haben? Diese könnte man auch mit Tiersymbolen kennzeichnen. Die Nazca-Figuren wurden dementsprechend gezeichnet. Obwohl wir andere Tiere gezeichnet hätten, soweit wir das verstehen.

Was wir nicht verstehen: wie und woher diese Weltraumfahrer zu uns kamen, die die riesigen Entfernungen des Weltalls kennen. Die Entfernungen sind groß, das menschliche Leben kurz. Gibt es eigentlich außerirdische Weltraumfahrer? Entweder ja, oder nein, aber die Wahrscheinlichkeit ihrer Existenz ist sehr groß in dieser riesigen Welt. Wie und von wo sie auch gekommen sind, wenn sie es bis hierher geschafft haben, haben sie die Erde notgedrungen finden müssen, wenn die Lebenszone für sie wichtig war.

Stellen wir uns vor, wir selbst sind auch Weltraumfahrer, und befinden uns auf Erkundung. Jetzt kommen wir gerade aus dem Weltall einem Sonnensystem (unserem Sonnensystem) entgegen. Das können wir virtuell auch jetzt gleich verwirklichen, zum Beispiel mit der interaktiven Weltallkarte von Google. Versuchen Sie aus dem Weltall nach Hause zu kommen! Sie finden die Sonne schnell, und

Sie müssen nichts anderes mehr tun, als sich anzusehen, ob es Planeten in der Lebenszone gibt. Das haben die Weltraumfahrer auch gemacht. Die Erde ist hier. Von weit entfernt ist ein solches Bild leicht zu erstellen.

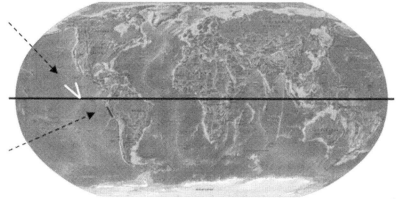

Auf das gut bekannte Bild habe ich drei verschiedene Zeichen gesetzt. Mit schwarz habe ich den Äquator gezeichnet. Das brauchen die Weltraumfahrer, weil der Äquator die Erde in zwei Teilen aufteilt. Wenn ich ein Zeichen setzen will, muss ich ihn auf einen hervorgehobenen Platz tun. Auf der südlichen Hemisphäre gibt es weniger Festland. Das wähle ich. Das Signal, das auf dem Festland platziert wird, ist dann am leichtesten zu finden, wenn es nicht in der Mitte des Festlandes, sondern auf der Grenze von etwas ist. Zwei verschiedene Flächen sind dafür geeignet. Hier bei uns ist das der Treffpunkt von Wasser und Festland, also die Meeresküste. Wenn das Platzieren des Signals einheitlich ist, dann muss es einen Code geben, der dabei hilft, das Signal zu finden. Sagen wir, dass ich eine Fläche suchen muss, die zum Äquator in einem bestimmten Winkel steht, so eine, die sich zwischen zwei weißen Linien befindet. Solche Meeresküsten gibt es nicht mehr viele. Wenn ich weiß, was ich so ungefähr suchen muss (zum Beispiel riesige, künstlich gezeichnete Figuren) sind die Signale aus der Luft relativ einfach zu finden, da

---

[21] © *Public Domain, Map Sharing*

sich das Nazca-Gebiet entlang der roten Linie befindet, was allen Voraussetzungen entspricht.

Was kann so ein wichtiges Symbol enthalten? Zwei Dinge auf jeden Fall. Einerseits Informationen über die Erde, andererseits über ihre Lage im Weltall. Aber wir Weltraumfahrer sind jetzt erst gekommen, wir kennen das Weltall gut! Das kann gut sein, aber wenn ich selber auf der Google Karte an einen Stern nah genug heranzoome und versuche ihn so zu begehen, bin ich nach einigen Runden völlig verloren, und ich muss mich immer wieder herauszoomen, damit ich weiß wo ich mich befinde.

Vielleicht sind Sie und die Weltraumfahrer geschickter als ich und verirren sich nicht. Es kann aber auch gut sein, dass die Weltraumfahrer, egal wie geschickt sie auch sind, sich Schritt für Schritt heranwagen. Das bedeutet also, dass sie im Weltall nicht nur hin- und herfliegen, sondern von einem Startplatz zu einem Ziel gelangen wollen. Aus welchem Grund? Ich weiß es nicht. Vielleicht fliehen sie vor einem Ausbruch einer Supernova, oder ihr Sonnensystem ist zusammengebrochen. Wer weiß? Was wichtig ist, dass sie, um ihre Reise weiterführen zu können, nützliche Informationen benötigen, und zwar schnell und verständlich.

Wenn wir die Nazca-Figuren auch nur oberflächlich betrachten, finden wir gewisse Wiederholungen. Zum Beispiel wird das Signal „5" mehrmals wiederholt. Der Baum hat fünf Wurzeln, der Vogel hat fünf Schwanzfedern. Was kann das bedeuten, wenn es überhaupt etwas bedeutet? Vielleicht das: Flieg fünf Lichtjahre Entfernung zum Sternzeichen Vogel! Sci-Fi? Kaum. Die Biene würden das gleiche mit Tanz ausdrücken.

Die Nazca-Figuren und Linien sind vermutlich nützliche Informationen für diejenigen, die sie verstehen. Zeigt der Schwanz des Affen eine Spiralgalaxie? Ist vorstellbar. Haben die Erdeinwohner die Spiralgalaxien gekannt? Vielleicht, wir kennen sie ja auch. Vielleicht gab es schon eine sehr entwickelte Kultur, bereits vor unserer, auf der Erde, und so müssen wir nicht voraussetzen, dass hier fremde

Weltraumfahrer gekommen sind. Diese Idee lässt die Weltraumfahrer außen vor, entstellt das Problem aber vollkommen. Und jetzt kommt ganz ungewollt ein Seufzer meinerseits: jemand soll mir bitte erklären, warum zum Teufel die superentwickelte Erdbewohnerschaft diese nur aus Vogelperspektive sichtbare, mit Symbolen kodierte Nachricht in die Steine gemeißelt hat, dass sie jetzt hier auf der Erde lebt, wenn sie schon immer hier war?

22

Die Nazca-Figuren und Linien sind vermutlich nützliche Informationen für diejenigen, die sie verstehen. Zeigt der Schwanz des Affen eine Spiralgalaxie? Ist vorstellbar. Haben die Erdeinwohner die Spiralgalaxien gekannt? Vielleicht, wir kennen sie ja auch. Vielleicht gab es schon eine sehr entwickelte Kultur, bereits vor unserer, auf der Erde, und so müssen wir nicht voraussetzen, dass hier fremde Weltraumfahrer gekommen sind. Diese Idee lässt die Weltraumfahrer außen vor, entstellt das Problem aber vollkommen. Und jetzt kommt ganz ungewollt ein Seufzer meinerseits: jemand soll mir bitte

---

22 *Nazca-Baum, CC BY-SA 4.0 Diego Delso, Wikipedia, https://en.wikipedia.org/wiki/Nazca_Lines#/media/File:L%C3%ADneas_de_Nazca,_Nazca,_Per%C3%BA,_2015-07-29,_DD_61.JPG;*

Nazca-Kolibri, CC BY-SA 4.0 Diego Delso, Wikipedia, https://en.wikipedia.org/wiki/Nazca_Lines#/media/File:L%C3%ADneas_de_Nazca,_Nazca,_Per%C3%BA,_2015-07-29,_DD_52.JPG

erklären, warum zum Teufel die superentwickelte Erdbewohner-schaft diese nur aus Vogelperspektive sichtbare, mit Symbolen ko-dierte Nachricht in die Steine gemeißelt hat, dass sie jetzt hier auf der Erde lebt, wenn sie schon immer hier war?

Nun, die Astronauten! OK, die interstellaren Astronauten waren hier. Was haben sie hier gemacht? Sie haben die Figuren und die Linien gefertigt. Und? Kommunizierten sie nicht? Ich glaube schon. Sogar mit ihrer Heimat, die sehr weit gewesen sein muss. Also es war nicht genug, schnell fliegen zu könnten, sie sollten die Möglichkeit kennen, wie man sehr schnell kommunizieren kann. Schneller als das Licht fährt. Es scheint nicht unmöglich zu sein ... Und wir haben Erinnerungen dazu. Große Erinnerungen. Die Dolmen ...

Wie konnten die damaligen Astronauten in dem riesigen Welt-raum hier reisen und so schnell kommunizieren? Ganz wie sie woll-ten, aber am einfachsten, wenn ihnen die Raum-Materie-Theorie be-kannt war.

Als ich es schrieb, hatte ich ein seltsames Gefühl: das ist meine Theorie! Nicht ihre! Ich habe diese Theorie erarbeitet um die Gedan-kenkraft zu verstehen. Jahrtausende danach, als sie hier waren und dann weggingen (wenn sie wirklich hier waren und wirklich weggin-gen.) Wie auch immer, ohne sie! Arbeiteten sie es auch ohne mich aus? Es kommt mir unglaublich vor. Ohne mich? Sie? Hmm ...

Oder vielleicht wer das Funktionieren der Welt forscht, findet die Raum-Materie-Theorie früher oder später heraus? Sie benutzten diese Theorie ja nicht nur auf der Ebene der Gedankenkraft, sondern sie konnten sie verwenden, um Gegenstände und ihren eigenen Kör-per zu bewegen.

Anderenfalls, wenn sie die einsetzten, ist diese eine hervorragend funktionierende Theorie. Und weil die so eine gute Theorie ist, gibt die einen Hinweis darauf, wie sie hierher kamen, und wie sie kom-munizierten, egal aus welcher Entfernung sie kamen. Möchten Sie es wissen? Natürlich. Ich erzähle es gerne, aber vorher sollen wir et-was über die Gedankenkraft erfahren. Tja, ohne Gedankenkraft geht es nicht!

23

Durchreisender, hier kannst du dich ausruhen.
Dieser Planet ist bewohnbar für den Menschen.

---

[23] *Nazca-Man, Credit: CC BY-SA 4.0 Diego Delso, Wikipedia, https://en.wik-ipedia.org/wiki/Nazca_Lines#/media/File:L%C3%AD-neas_de_Nazca,_Nazca,_Per%C3%BA,_2015-07-29,_DD_46.JPG*

1.6. Ein Papierrad, ein Skeptiker und die Gedankenkraft

Laut ausgesprochen, ich war nicht hin und weg davon, was ich von den Treffen mit András und den Anderen mit mir mitnehmen konnte. Ich habe gedacht, dass die elektronische Lösung am besten ist, weil sie einfach, und schnell ist, weil...der Computer eine objektive Sache ist, genauso, wie der auf dem Bildschirm sichtbare, stehende oder sich bewegende Cursor.

Davon jedoch, dass ein Computer objektiv ist, folgt nicht, dass etwas undisputabel wäre. Nur das „wie" muss richtig ausgewählt werden, und schon wird alles fraglich. In diesem Fall war die einfache Leugnung des Phänomens an sich kein gutes Argument, so haben alle, als eine vorübergehende Lösung an einen Trick gedacht. Die Menschen haben knifflige Lösungen anstatt der Wahrheit gesucht. Solche Lösungen, mit denen sie sich selber, und leider auch mir erklären wollten, warum etwas das funktioniert, funktioniert. Einige von ihren Erklärungen: Zufallszahlengenerator, Temperatursensor, Fernsteuerung, Wärme-Energie, die Sonne scheint, die Sonne scheint nicht.

24

---

[24] *CC0 eklug, Pixabay.com, Editiert*

Das Bild zeigt den Zustand, wenn die Sonne nicht scheint, weil der Mond aufgegangen ist. Jemand soll mir bitte erklären, wie das mit dem elektronischen Sensor in Verbindung steht!

Es macht keinen Sinn es zu leugnen, ich war wütend. Ich war frustriert. Jeder hat schon ähnliche Gefühle in ähnlichen Situationen erlebt. Er oder sie hat sich etwas Neues ausgedacht, was seine Umgebung reflexartig abgelehnt hat. In Wahrheit durchleben wir Tag für Tag so etwas Ähnliches. Davon sind auch (heute schon) berühmte Leute betroffen. Dieses Phänomen kommt jedem bekannt vor. Die Worte von dem in der Zeit der Jahrhundertwende des 18 – 19. Jahrhunderts lebenden von Humboldt, von dem Philosophen Schopenhauer, von dem amerikanischen Geschäftsmann Charles Kettering werden oft zitiert. Das Wesentliche von all diesen ist:

Große Entdeckungen haben drei Phasen.

1. Zuerst sagt man, es ist nicht wahr.
2. Danach sagt man, es kann wahr sein, aber überhaupt nicht wichtig.
3. Schließlich sagt man, es kann wahr und auch wichtig sein, aber jeder weiß es.

Die Ansichten von Humboldts und anderen haben auch meinen Fall betroffen. Fast niemand hat geglaubt, dass der Gedanke Energie haben kann. Fast niemand hat geglaubt, dass ein elektronisches Gerät dazu fähig ist, die Energie des Gedankens wahrzunehmen. In Wahrheit war das Elektron dazu fähig, weil die Elektronen in einem IC entweder strömen oder nicht strömen. Das hat man mir aber auch nicht geglaubt. Man hat es nicht geglaubt, weil das bedeuten würde, dass ... was würde es denn bedeuten?

Ich glaube kaum, dass jemand, der sich dazu entschieden hat seinen Augen nicht zu trauen, wissentlich darüber nachgedacht hatte, als er diese Entscheidung getroffen hat. Jeder neue Gedanke ist Bedrohung für diejenigen, die an alte Gedanken glauben. Diese Neuigkeit betrifft ihren Glauben, in diesem Sinne unser bisheriges Weltbild. Das Weltbild ist eine ernste Sache, besonders, wenn es unser eigenes ist. Die Menschen verhalten sich selber und anderen gegenüber nach ihrem Weltbild. Danach lebt jeder, auch Sie, ich und die Wissenschaftler. Das Weltbild muss geschützt werden.

Wenn ich ganz ehrlich sein will, brauchte ich selber auch Zeit, bis ich dazu fähig war aufgrund meiner Entdeckung mein eigenes Weltbild zu verändern. Das ist ja auch in Ordnung, es geht hier um mich. Die anderen aber verstehe ich wirklich nicht!

Während ich mir verschiedene Argumentationen angehört habe, mit denen die Menschen erklärt haben, warum das, was sie sehen nicht existiert, wurde die Erkenntnis in mir plötzlich wachgerufen. Die Menschen kann ich nicht verändern, meine Taktik aber schon. Ich ändere meine Taktik also! András hat Recht. Weg mit den elektronischen Gegenständen! Weg mit den Geräten, die auf Quantenmechanik basieren! Die quantenmechanische Bewegung werde ich mit mechanischer Bewegung austauschen! Ich gehe auf ein mechanisches Gerät über, dessen Bewegung jeder sehen kann! Keine Blackbox! So ist die Tätigkeit des mechanischen Gerätes gut sichtbar. Deshalb wird jeder das Computerprogramm gleich verstehen, das auf die Arbeitsweise des Geräts basiert. Und es wird ganz offensichtlich. Ich habe den Computer, der mit Gedanken zu steuern ist gebaut, es gibt also Kommunikation zwischen lebend und leblos.

Zum Zweck des Anliegens habe ich, wie bereits jemand in der Vergangenheit und seitdem so viele weitere auch, das Rad erfunden, damit ich in der Gunst der Menschen stehe. Die Energie des Gedankens wird ein Rad antreiben, die Software wird dessen Geschwindigkeit messen.

Ich habe die Konfiguration gebaut. Sie funktioniert. Die Konfiguration ist in ihrem jetzigen Zustand insgesamt zu drei Dingen fähig. Nach der Absicht des Benutzers wird sie:

- Nichts auf den Bildschirm schreiben
- Ja auf den Bildschirm schreiben
- Nein auf den Bildschirm schreiben

etwa in 2008

Die Ungläubigkeit der Menschen ist aber hiernach auch nicht verschwunden. Neue Klügeleien kamen ans Licht, mit denen sie beweisen wollten, dass das was sie sehen, nicht die Wahrheit ist. Die Klügeleien waren: Das ist ein Zufallszahlengenerator, ein Temperaturmesser, ein Bewegungssensor, Fernsteuerung, Wärmeenergie, die Sonne scheint, die Sonne scheint nicht. Kurzgefasst: Sie wollten mich, oder den Trick, den ich benutze, entlarven.

Ich sagte, dass es nichts zu entlarven gibt, dass es die Kraft des Gedankens ist und sie dessen Wirkung sehen. Umsonst.

Die Sache ist aber wirklich einfach. Es gibt ein Papierrad, das oben befestigt und aufgehängt wird. Entweder dreht sich das Rad oder es steht. Es gibt keine andere Option. Wenn es steht, dreht es sich nicht, wenn es sich dreht steht es nicht. Das müsste man eigentlich auch nicht so ausführlich betonen, weil es ja selbstverständlich ist. Wie Sie aber sehen werden ist dies nicht der Fall. Also noch mal: Wenn das Rad steht, dreht es sich nicht, und wenn es sich dreht steht es nicht.

---

[25] © T. Lajtner, Lajtnermachine.com

Ich habe András die neuste Konfiguration stolz gezeigt. Verständlich, klar, einfach. Keine Rätsel. Man kann alles sehen. Wie die Drehung des Rades sich ändert, ändert sich auch die Aufschrift.

„Das wird von dem Wind gedreht", sagte András. „Das ganze existiert nicht!"

„Aber du siehst, dass ich die Richtung der Drehung des Rades verändere. Mit Gedanken."

„Im Raum hat sich der Wind gedreht. Du holst Luft. Du schnaufst! Du fauchst! Du keuchst! Du hechelst!"

In Wahrheit habe ich nicht geschnauft, gefaucht, gekeucht, gehechelt. Ja, ich gebe zu, ich habe Luft geholt. András machte weiter:

„Das ist kein Beweis. Die Beziehung ist nicht funktional."

„Die Energie des Gedankens ist so. Sie hat einen stochastischen Charakter."

„Wir sollten das Rad abdecken, dann schließen wir die Wirkung des Windes aus."

Wir haben das Rad mit einer Glashaube abgedeckt. So war es schwerer das Rad zu drehen, weil es mehr Energie von mir gebraucht hätte. Das Prinzip funktionierte aber sichtlich gut. Das Rad stand. Und dann hat es unerklärlicher Weise angefangen sich zu bewegen. Genauer gesagt, wenn ich es so wollte hat es sich gedreht. Dann habe ich es angehalten. Es hielt an. Danach drehte es sich.

„Das dreht sich nicht!", sagte András.

Ich war völlig verblüfft, weil sich das Rad eben drehte.

„Was macht es dann? Steht es?"

„Das dreht sich nicht!"

„Aber es steht doch nicht! Was macht es dann?"

„Es dreht sich nicht. Drehung ist was Anderes."

Ich bin im wahrsten Sinne des Wortes müde geworden, und habe aufgehört das Rad zu drehen. Das Rad ist so wirklich stehengeblieben. András ist aufgeblüht.

„Das Rad steht."

„Und als es nicht stand, was hat es gemacht?"

„Es hat sich nicht gedreht."

„Wenn es sich nicht gedreht und nicht gestanden hat, hat es sich dann vielleicht bewegt?"

„Es kann sich bewegt haben, aber gedreht hat es sich nicht, so viel ist sicher!"

Papierrad. Video zum Bild:
http://www.lajtner.com/gedankenkraft.html

András hat den dritten Zustand des Rades eingeführt. Das Rad dreht sich, es steht, oder es bewegt sich. Wie auch immer, ich hatte am Ende doch Recht. Der Gedanke hat Energie. Man wird davon kreativer und entdeckt immer neuere Zustände des Rades. Vielleicht entdeckt man auch Antworten auf die offenen Fragen.

---

[26] © T. Lajtner, Lajtnermachine.com

Und man hat sie entdeckt. Aber erstaunlicherweise nicht nur auf die Frage, warum sich das Rad dreht, sondern auf viele andere Fragen. Wenn wir Glück haben, vielleicht auch auf die Verkehrsmethode der altertümlichen Astronauten.

Hops! Mein Herausgeber hat jetzt angerufen, dass er auf den Delfin wartet!

1.7. Kommunizierender Delfin

Im März 2008 erschien die Nachricht in der Weltpresse: Pottwale wurden von einem Delfin gerettet. Der Ort: Neuseeland Mahia Beach (North Island). Malcolm Smith, der lokale Zuständige für Tierschutz (Conservation Department Officer) versuchte den ganzen Tag umsonst, zwei an die Sandbank getriebene Wale, ein Muttertier und ein Kalb, auf die hohe See auszuführen, diese konnten den Weg nicht finden.

Der Mann gab die Hoffnung schon beinahe auf. Die Wale wurden im seichten Wasser immer müder. Die erschöpften, sterbenden Tiere werden in solchen Fällen von den Rettungsleuten getötet, damit sie von unnötigen Leiden verschont werden. Auch jetzt wäre dieser Fall geschehen, wenn Moko, ein Delfin, der in den örtlichen Gewässern lebte, nicht gekommen wäre. Smith erzählt die Geschichte folgenderweise: „Die Pottwale traten mit dem Delfinweibchen in

---

27 © *Franky, Dreamstime.com*

Verbindung, und sie führte sie nahezu 200 m lang parallel zum Ufer bis zur Spitze der Sandbank. Dort kehrte sie plötzlich mit einer Kurve in einen schmalen Kanal ein und durch den Kanal führte Moko sie auf die hohe See aus – seither sahen wir die Wale nicht mehr." Ein wenig später kehrte Moko zu den Ufern von Mahia zurück, wo sie sich vor einem Jahr ansiedelte. Das zwei Meter lange Delfinweibchen ist ein großer Liebling der Badegäste, sie lässt sich streicheln und hat Freude daran, mit ihrer Nase die Kajaks anzuschieben.

Es ist sicher, dass zwischen dem Delfin und den Walen, die zu unterschiedlichen Spezies gehören, irgendeine Kommunikation erfolgte. Die Fachleute halten es für ausgeschlossen, dass sie „eine gleiche Sprache sprechen".

Das ist die Manifestation der Kommunikation zwischen Tier und Tier. Den konkreten Fall erfuhren wir nur, weil der Fachmann für Tierschutz gerade anwesend war. „Früher habe ich so etwas nicht gesehen, es war wunderbar", äußerte Mr. Smith. Wir haben das Recht, den Fall für einen Zufall zu halten, oder zu sagen, dass es nur eine Zeitungsente ist. Oder Zeitungsdelfin.

Wenn zwei unterschiedliche Tiere fähig sind, miteinander zu kommunizieren, und zwar mit nicht elektromagnetischen Signalen, dann ist diese Kommunikationsform eine allgemeine Kommunikationsform. Allgemein, weil auch zwei Elementarteilchen auf eine unbekannte Weise, d. h. mit nicht elektromagnetischen Wellen, kommunizieren. Gerade wir Menschen würden auf diese Kommunikation verzichten?

1.8. Kommunizierende Teilchen

Gibt es Geister? In der Physik schon. Wie viele? Wir kennen nur einen. Hmm! Natürlich ist er kein echter Spuk, er ist ein existentes und messbares Phänomen. Warum nennen wir ihn Geist, wenn er da gar kein Geist ist? Weil er schneller ist als das Licht. Aber warum Geist? Er hat auch andere Namen: „Geisterwirkung" (spooky action at a distance), Quantumrätsel oder Fernwirkung. (Nur unter uns gesagt: was für Geist ist ein solcher?)

28

Quantumrätsel oder Fernwirkung ist das Phänomen, wenn eine an einer Stelle des Quantumsystems durchgeführte Beobachtung einen anderen – in einer beliebigen Entfernung befindlichen - Teil des Systems sofort verändert. Aus diesem Grund nennt man die Quantumsysteme nicht-lokale Systeme. Das Rätsel besteht darin, dass wir nicht erklären können, wie sich die Information schneller als Licht bewegen kann. So ist die Benennung Fernwirkung besonders ausdrucksstark.

Seit den von Alain Aspect (1947 –) im Jahre 1982 durchgeführten Versuchen wissen wir tatsächlich von der Existenz des Rätsels. Er-

---

[28] *CC0 T. Lajtner von CC0 Clker-Free-Vector-Images, Piaxaby.com*

scheinungen solcher Art werden meistens als Quantenverschränkung (quantum entanglement) bezeichnet. Das Phänomen wartet heute noch auf eine Erklärung. Seien wir präzise. Heute gibt es zu viele Erklärungen für die Erscheinung, so haben wir eigentlich keine einzige.

Wie sieht das Rätsel aus? So: Wenn ein elektrisch neutrales Teilchen in zwei Photonen zerfällt, fliegt das eine Photon nach rechts, das andere nach links und ihre Impulse werden gleich. Die Resultierende der Kräfte wird Null sein. Der Impulserhaltungssatz wird nicht verletzt.

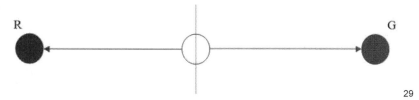

29

Die Farben (R + G) haben keine Bedeutung, sie machen die Erklärung verständlicher.

Photonen sind mit Rot und Grün markiert. Das elektrisch neutrale Teilchen mit Weiß. Das Photon hat neben dem Impuls eine andere Eigenschaft, das ist der Spin. Der Spin wird in der Regel nicht übersetzt.

Der Spin gibt eine Symmetrie an. Eine Lage, wohin das Teilchen durch Bewegung gerät. Der Spin also: Verschiebung (oder eine eigenartige Drehung), selbst wenn es keine genügend präzise Definition ist. Es kann vorkommen, dass sich nicht das Photon verdreht, sondern sich nur eine innere Komponente verändert. Egal welcher Fall erfolgt, das Wesentliche liegt darin, dass sich der Spin des Photons verändern kann.

---

[29] © *T. Lajtner, Lajtnermachine.com*

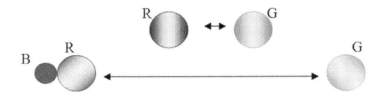

Zuliebe der Einfachheit sagen wir, wenn die beiden Photonen (rot, grün) entstehen, beträgt ihr Spin Null. Dieser Null-Zustand bleibt nur solange erhalten, bis ein Photon (hier das rote) etwas (das blaue Etwas) trifft. Wenn sie sich treffen, verändert sich der ursprüngliche Null-Spin (gestreiftes Rot). Deutlicher: es verdreht sich nach rechts.

Die beiden Photonen sind in Verbindung. Wenn sich ein Photon nach rechts dreht, soll das andere nach links. Wenn wir die Richtungen der Verdrehungen addieren, bekommen wir Null, wie es am Anfang bei dem ursprünglichen Teilchen war. Aus dem Grün wird gestreiftes Grün.

Das Ereignis ist logisch, das Begreifen wird von nichts erschwert. Das Problem entsteht, wenn es sich herausstellt, dass das Photon Partikel des Lichtes ist. Beide Photonen rasen mit Lichtgeschwindigkeit. Wie kommunizieren sie, wenn es keine schnellere Kommunikation gibt als die Lichtgeschwindigkeit?

Wenn die beiden Photonen voneinander so weit entfernt sind, dass das Licht Jahre für den Weg zwischen den beiden Photonen braucht, wird sich der Spin der beiden Photonen auch in diesem Fall entsprechend einstellen. Wenn wir den einen Spin messen: „links", wird das andere Photon das Ergebnis sofort wissen und stellt sich sofort „rechts" ein.

Es soll es ohne Verzögerung machen. sonst es würde den Energieerhaltungssatz verletzen.

---

30 © T. Lajtner, Lajtnermachine.com

Wie machen sie es?

Auf die Frage kann man zwei Antworten geben.

Antwort der theoretischen Physiker: Rätsel.

Antwort der anderen Sterblichen: Sie kommunizieren schneller als Licht.

Und die anderen Sterblichen haben Recht.

Viele Physiker machen auch Messungen, nicht nur Theorien. Wer misst, kann die Geschwindigkeit des Nachrichtenwechsels zwischen Photon und Photon messen. Im Jahre 2008 publizierte davon eine französische Gruppe, während im Jahre 2013 eine chinesische davon berichtete. Beide Gruppen fanden heraus, dass die Geschwindigkeit des Nachrichtenwechsels zwischen Photonen mindestens um fünf Größenordnungen die Lichtgeschwindigkeit überschreitet (die französische Messung: Geschwindigkeit der Kommunikation zwischen Photon und Photon beträgt mindestens das 54.000-fache, nach der Messung der Chinesen mindestens das 10.000-fache der Lichtgeschwindigkeit.) Danach gibt es eine schnellere, messbare Kommunikation als Licht.

Hier haben wir einen existierenden Effekt, der mindestens 10.000 mal schneller ist als das Licht. Antwort der Physiker: nicht schneller. Warum? Weil die Kommunikation zwischen zwei Lichtpartikeln entsteht. Das Photon soll nämlich zuerst dort ankommen, wohin das andere Photon eine Nachricht schicken wird.

Diese Argumentation besagt, dass es keine Autobahn gibt, wo man 100 km in einer Stunde zurücklegen kann, denn in die Reisezeit soll auch die Zeit für den Bau der Autobahn eingerechnet werden. Kurz und gut, es ist unnötig, für solche schönen, schnellen Autos Geld auszugeben!

Die Quantenverschränkung ist in das System der gegenwärtigen Physik nur mit den Ausdrücken Rätsel oder Geisterwirkung (spooky action at a distance) integrierbar. Und zwar nach dem folgenden Witz.

Der Autofahrer fragt den Tankwart:

„Ist Berlin noch weit weg?"

„In Fluglinie 50 km, aber ich kenne einen kürzeren Weg!"

Das Wort „Geisterwirkung" stammt von Albert Einstein (1879 – 1955) selbst, aber es war von ihm zu erwarten, dass er bis zum Äußersten auf seine Theorie besteht, dass sich nichts schneller als das Licht bewegen kann. Aber weil es bewegt sich, brauchte man eine schlaue Lösung. Das wurde das Wurmloch.

---

[31] *CC0 lipetkd, Pixabay.com*

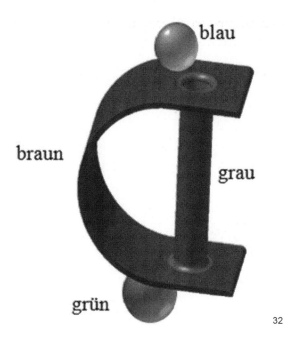

blau

braun

grau

grün

32

Das (graue) Wurmloch ist ein eigenartiger Tunnel, ein geheimer Kanal in der (braunen) Raumzeit. Z.B. sieht so die Entfernung zwischen dem grünen Planeten mit dem Phantasienamen Kz443HjUr und der blauen Erde in der Raumzeit aus. Das Bild ist nicht maßstabsgerecht. Nach dem Licht liegt dieser Planet 10.000 Lichtjahre von uns entfernt. Wie viel Zeit brauchen wir, bis das Licht dort ankommt? 10.000 Jahre, weil es durch den braunen, gebogenen Raum reist. Die Geisterwirkung braucht nur 1 Jahr. Wieso? Es schneidet das Wurmloch durch. Es weiß tatsächlich einen kürzeren Weg als die Fluglinie.

Warum sind die Marsbewohner unzuverlässig?

Es wäre egal, was die schnellste Geschwindigkeit ist, wenn wir es wüssten, dass sie tatsächlich die höchste Geschwindigkeit ist. Aber

---

wir wissen es nicht und es führt zu ernsthaften Problemen, z. B. hätten wir Streit mit den Marsbewohnern.

Wenn wir nicht wissen, welche Erscheinung am schnellsten ist, kippt das Ursache-Wirkungs-System um – unserer Meinung nach.

Wenn sich die Information schneller als die Lichtgeschwindigkeit bewegt, verändert sich die auf der Lichtgeschwindigkeit basierende kausale Ereignisreihe. Zwei verschiedene Beobachter können zwei unterschiedliche Ursache-Wirkungs-Reihenfolgen sagen, wie die Ereignisse ihrer Meinung nach geschahen. Es ist offenbar nicht wahr. Daraus folgt, dass die Ereignisse eine absolute Reihenfolge haben, die von den Beobachtern unabhängig ist. Gibt es so was? Aufgrund der Relativitätstheorie gibt es das nicht. Das gibt es freilich!

Das kann auch folgenderweise formuliert werden: Warum sind die Marsbewohner unzuverlässig?

³³ *CC0 mm91, Pixabay.com*

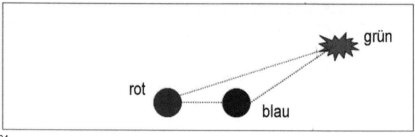

grün

rot

blau

34

Wir begreifen es sofort, wenn wir verstehen, wann das Feuerwerk auf dem Mars beginnt. Nach dem aktuellen Abkommen des Sonnensystems kann mit dem Feuerwerk auf dem Mars angefangen werden, wenn irgendwo (sehr weit weg) die grüne Supernova explodiert. Früher nicht.

Das oben abgebildete grüne Photon befindet sich in der Supernova. Und das rote Photon auf dem Mars. Wir sind auf dem blauen Planeten, das ist die Erde. Bei uns gibt es kein Photon.

Der Marsbewohner bereitet das Feuerwerk vor und setzt das rote Photon in die Schalter des Feuerwerks ein. Wenn der Spin des Photons entsteht, schaltet der Schalter ein und beginnt das Feuerwerk.

Die grüne Supernova explodiert, damit entsteht der Spin des grünen Photons. Und so entsteht auch der Spin des roten Photons auf dem Mars.

Das schaltet den Schalter ein und das Feuerwerk beginnt. Das Licht der Explosion der Supernova erreichte ihn noch nicht und uns auf der Erde auch nicht. Aber das Licht des Feuerwerks erreichte uns. Wir Erdbewohner meinen aufgrund des Lichts, dass das Feuerwerk früher erfolgte als die grüne Explosion.

Die Marsbewohner sind unzuverlässig!

Wir nehmen uns den Marsbewohner vor, warum er das Feuerwerk vor der Explosion der Supernova verletzend die Regeln des

---

[34] © T. Lajtner, Lajtnermachine.com

Sonnensystems startete. Der Marsbewohner schwört, dass er die Explosion der Supernova abwartete und das Feuerwerk nicht früher startete. Er wiederholt, „grünes Photon". Das ist kein Argument, bitte etwas Besseres einfallen lassen! Die Marsbewohner sind unzuverlässig und sie haben keine Fantasie! Grünes Photon, so ein Blödsinn!

Wann und wovon wir Kenntnis haben, hängt vorwiegend davon ab, durch welchen Kanal die Information zu uns kommt. Wenn durch die gewöhnlichen Kanäle der Raumzeit, kann ihre Geschwindigkeit nicht höher sein als die des Lichts. Daraus können wir schon vermuten, wenn die Information nicht durch die herkömmlichen Kanäle der Raumzeit kommt, dann kann die Geschwindigkeit höher sein als die des Lichts.

Existieren die Wurmlöcher? Nach den Sciencefiction-Schriftstellern reisten die Astronauten durch diese. In der Raum-Materie-Theorie gibt es keine Wurmlöcher, es gibt dagegen viele verschiedene Räume, die alle sich wellen. Für Kommunikation kann man ihre bestimmte Welle benutzen, oder Teilchen, die in diesem Raum fahren. In den verschiedenen Räumen hat dasselbe Partikel unterschiedliche Geschwindigkeiten. Später werden Sie sehen, dass es eine auf Tatsachen basierende Behauptung ist.

Also hier haben wir zwei neue Möglichkeiten der superschnellen Kommunikation gefunden. Mit Raumwellen und mit extrem schnellen Teilchen.

Die Kraft des Gedankens strömt nicht in der gewöhnlichen Raumzeit, sondern im Raum als Raumwellen. Werden wir mithilfe unseres Gedankens Information über etwas früher bekommen als es von dem Licht gezeigt wird? Sicher früher!

35

Würde es bedeuten, dass ich Gedanken von außen bekommen kann? Solche Gedanken, die nicht von mir ausgedacht wurden? Das bedeutet es. Ist es sicher? Sicher. Gibt es Beweise dafür? Ja. Die tausendjährige theoretische Diskussion, „möglich oder nicht möglich", wurde in letzter Zeit abgeschlossen. Dank der Entwicklung der Technologie wissen wir heute sicherlich die Antwort. Ich kann es. Woher? Ich kann es von Menschen und anderen bekommen. Von anderen? Von wem? Nicht von wem, sondern von was! Ich kann Gedanken von Lebewesen und Leblosen bekommen. Egal ob diese auf der Erde oder anderswo sind.

Wie, bitte?

---

[35] *Bild CC0 T. Lajtner von Frau CC0 OpenClipart-Vectors, Pixabay.com und Sonne CC0 Aytan, Pixabay.com*

1.9. Vorgefühle – kommunizierende Gehirne

Vorgefühle sind bekannte Dinge. Sie sind selten, aber sie kommen bei uns allen vor. Es kommt vor, dass sie falsch sind, es kommt vor, dass sie sich erfüllen. Rätselhaft. Nach der modernen Wissenschaft existieren sie nicht. Warum würden sie nicht existieren? Und warum hätten sie keinen physikalischen Grund? Sie existieren und haben eine physikalische Erklärung. Es kommt darauf an, ob wir verstehen, dass der Gedanke eine Kraft ist, die eine Auswirkung auslöst und eine Gegenwirkung bewirkt. Die Vorgefühle sind zufällige Gedanken. Aber woher kommen diese zufälligen Gedanken? Meine Gedanken werden von mir ausgedacht. Niemand ist fähig, mir Gedanken in den Kopf einzusetzen. Oder doch? Ja, Sie haben es erraten! Warum würde ich sonst ein komplettes Kapitel widmen, wenn die Antwort nein wäre?

Kehren wir zu den elektromagnetischen Signalen des Gehirnes zurück! Der Gedanke erscheint als elektromagnetisches Signal des Gehirnes. Das elektromagnetische Signal ist ein solches Signal, mit dem alle unseren modernen Mittel arbeiten. Die Glühbirne, der Computer, das Handy. Dieses Signal ist eine bekannte physikalische Erscheinung. Es ist leicht, es von einer Stelle zu den anderen zu leiten.

Kommunikation zwischen Gehirn und Gerät

Der Grund der Gehirn-Gerät-Kommunikation besteht darin, dass eine Einrichtung das elektromagnetische Signal des menschlichen Gehirns abliest und dieses einer Maschine (z.B. einem Spielroboter) weiterleitet.

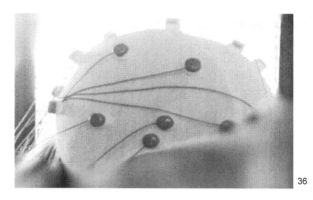

Elektroenzephalograph (EEG) ist ein Mützen-Gerät zum Ablesen der Hirnelektrizität.

Auf bestimmte Hirnsignale führt der Roboter bestimmte Bewegungen aus. Wenn das Gerät, das die Hirnsignale abliest, sich auf dem Kopf von Béla befindet, kann der Roboter durch Bélas Gedanken gesteuert werden. (Bélas Gedanken sind als elektromagnetische Wellen seines Gehirns zu verstehen.)

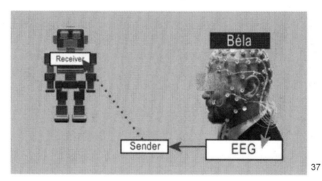

Gedankengesteuerter Roboter – Modell.
(Gedanken als elektromagnetische Signale.)

Kommunikation zwischen Gehirn und Gehirn

Wie der Titel zeigt, handelt es sich dabei um die Kommunikation zweier Lebewesen, im Allgemeinen (aber nicht immer!!!) Menschen, die unmittelbar zwischen den beiden Gehirnen erfolgt. „Unmittelbar" bedeutet, dass auf der Ebene des Gedankens, d. h. keiner der herkömmlichen Kanäle der Kommunikation ist vorhanden (Sprache, Gesten usw.). Eine Verbindung entsteht durch eine Leitung. An beiden Enden der Leitung befindet sich je eine Einrichtung. Hier handelt es sich um zwei verschiedene Einrichtungen. Eine Einrichtung liest das elektrische Signal des Senders ab und sendet es durch die Leitung an die Maschine, die mit dem Gehirn des Empfängers in Verbindung steht. Diese Maschine strahlt das empfangene Signal in das Gehirn des Empfängers.

Es ist möglich, das Signal über eine gewöhnliche Stromleitung aus einem Zimmer in das andere zu leiten, aber es lässt sich auch über das Internet senden. Es kann sogar ohne Draht vom Sender zum Empfänger weitergeleitet werden.

Wenn es zwei Menschen gibt (Béla und Sanyi), ist es konkret möglich, die elektromagnetischen Signale aus dem Kopf von Béla in den Kopf von Sanyi zu übertragen. Dieser Gedanke wurde ursprünglich von Béla ausgedacht, aber nach Übertragung in Sanyis Kopf funktioniert er dort so, als ob Sanyi ihn sich selbst ausgedacht hätte. Zwei Beispiele:

- Béla denkt an eine Handlung: „Ich hebe meine Hand hoch". Wenn es auf Bélas Kopf eine geeignete Leseeinrichtung gibt, kommt das abgelesene Signal in das Schreibgerät auf Sanyis Kopf (Abbildung unten), das die von Bélas Kopf abgelesene und abgeleitete Elektrizität genau in die entsprechenden Hirnregionen weiterleitet. Endergebnis: Sanyi hebt seine Hand hoch.

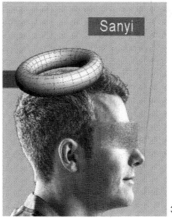

So sieht eine Einrichtung aus, die durch den Schädel ins Gehirn schreibt (TMS-Modell).

- In einem anderen Versuch denkt Béla an ein Wort: „Ciao", und es wird von Sanyi ausgesagt. Untere Abbildung zeigt das System des Gehirn-Computer und Computer-Gehirn Interface.

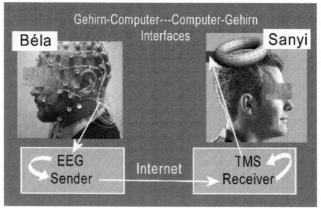

Information geht nur in eine Richtung – von Béla zu Sanyi. (Modell)

---

[38] *TMS-Modell © T. Lajtner von Mann © Wavebreakmedia, Photodune.net, Editiert*
[39] *EEG-TMS-Modell © T. Lajtner, Lajtnermachine.com*

Wende in der Geschichte: Kommunikation zwischen Gerät und Gehirn

Die Frage stellt sich von selbst: Wenn wir die als elektrisches Signal empfangenen Gedanken von Béla messen und diese in einem Computer speichern, können wir später diese gespeicherten Gedanken jederzeit und beliebige Male in die Köpfe von Sanyi, Agnes, Heike, Karl, Bill... übertragen. Diese Leute werden das von dem Computer erhaltene Signal als ihre eigenen Gedanken empfinden.

Es ist zu vermuten, da diese gespeicherte Signalfolge ursprünglich als Gedanke eines menschlichen Gehirns entstand.

Wann beginnt das Problem? Wenn der Computer eine Signalfolge selbst generiert.

Diese Signalfolge kann eine von einem Programmierer geschriebene, gezielt hergestellte Signalfolge sein. Aber sie kann auch eine zufällige Signalfolge sein, die von dem Computer „selbst" so hergestellt wird, dass kein einziges Lebewesen von dem konkreten Ergebnis keine Ahnung hat. Im letzteren Fall betrachtet das Gehirn von Sanyi als Gedanke eine elektromagnetische Signalfolge, die z. B. von einem Zufallszahlengenerator hergestellt wurde. Die Signalfolge ist also kein Produkt eines menschlichen Gehirns, aber sie wird/kann zu einem Gedanken werden.

Fuuuh, der Alptraum beginnt?

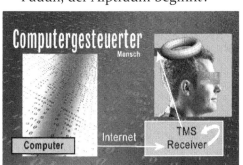

Computergesteuerter Mensch

[40]

---

[40] © *T. Lajtner von oben erwähnten und von Numbers CC0 geralt, Pixabay.com, Editiert*

Das Problem führt uns weit weg. Heute ist es unmöglich, alle Vor- und Nachteile dieser Möglichkeit zu durchdenken. Eines ist sicher, es kam in eine erreichbare Nähe, dass unser Gehirn „manipuliert und kaputtgemacht" wird. Heute ist es massenweise zum Glück nicht einsetzbar, denn ohne Helm lässt sich das elektromagnetische Signal der entsprechenden Hirnregion nicht übermitteln. Heute. Noch.

Und wenn der Gedanke mehr als das elektromagnetische Signal des Gehirnes ist?

Der im Titel verwendete Frage bezieht sich nicht darauf, dass der Gedanke tatsächlich mehr als das elektromagnetische Signal des Gehirnes ist oder nicht. Er ist mehr. Das ist eine Tatsache. Der Gedanke ist eine neue, heute von der akademischen Physik noch nicht anerkannte Kraft. Wozu denn die Frage? Weil wir jetzt nachdenken sollen.

Was bedeutet diese neuentdeckte Kraft (die natürlich uralt ist)?

Der Gedanke ist eine Kraft, die sich auf eine bisher unbekannte Weise, auch außerhalb des menschlichen Gehirnes, ausbreitet. Diese Kraft wird von dem Gehirn von Béla (oder irgendjemanden) hergestellt und von dem Gehirn von Sanyi (oder irgendjemandem) empfangen. Kein Mützen-Gerät ist dazu notwendig.

Wir alle denken, d. h. wir alle senden Gedanken kontinuierlich in die Welt aus. Und da unser Gehirn unabsichtlich diese Signale empfängt, bekommen wir Gedanken aus aller Welt.

Genauer gesagt, Kräfte wirken auf unsere Hirnregion aus, wo die jeweiligen Kräfte nach dem Gehirn Gedanken sind. Jetzt in diesem Augenblick bekommt Ihr Gehirn Millionen von Gedanken aus der Welt.

Ist das ein Problem? Nein, das ist eine sehr gute Sache! Der Mensch ist mit dieser Fähigkeit geboren.

Wenn sich die Wissenschaft entwickelt, kann man diese Fähigkeit missbrauchen? Sicher. Meiner Meinung nach, die (öffentliche oder geheime) Wissenschaft ist noch nicht bei dem Punkt angelangt. Aber sie kann sich entwickeln. Sogar schon in ein paar Jahren.

Die technologische Entwicklung ist nicht aufzuhalten. Es könnte geschehen, dass wir alle (mit Ausnahme von einer engen Elite-Gruppe) in einigen Jahren hirntot sein werden, die nur einen Gedanken haben: Ich will mehr arbeiten – umsonst!

Und die Elite kommandiert uns, genauer gesagt, die Computer, die von der Elite programmiert wurden?

Es wäre eine schreckliche Zukunft! Können wir das verhindern? Nein, die Entwicklung nicht. Aber wir können erlernen, uns gegen die schädlichen, manipulativen Gedanken zu verteidigen. Wie? So, dass wir die Kraft des Gedankens bewusst einsetzen. Wir erkennen, was für ein Gefühl ist, bewusst mit Gedanken Kraft zu senden UND Kraft zu empfangen.

Es wäre sogar wünschenswert, wenn die Physik des Gedankens, die Raum-Materie-Theorie weltweit bekannt wäre. Dieses Buch handelt davon. Das Wissen würde allen gehören und die Elite würde darüber nicht mehr wissen als wir. Sie könnte unser Gehirn nicht beherrschen! Sie können eine Maschine konstruieren, die unsere Gedanken manipulieren will, aber wir können auch Maschinen bauen, die uns beschützen. Wenn sie uns mit Maschinen angreifen, verteidigen wir uns mit Maschinen. Wenn wir dazu nicht fähig werden, haben wir wenig Chance, die komplette, massenhafte Verblödung, die von der ihre technische Überlegenheit missbrauchenden Elite gesteuert wird, zu vermeiden. Was ist notwendig, damit wir dazu fähig werden? Öffentlichkeit. Viel Öffentlichkeit.

Maschine gegen Maschine! Ein gutes Beispiel: Drohne, die eine Drohne gefangen nehmen kann.

Hat der Gedanke eine Kraft?

Sicher. Viele leugnen es trotzdem. Ich verstehe nicht, warum, da sie messbar, nachweisbar ist. Warum hat man eine existierende Kraft zu verleugnen, die nützlich wäre, wenn wir sie bewusst verwenden könnten? Das ist nur in einem Fall logisch, wenn der Bezweifler zur Elite gehört, die nach der Weltherrschaft strebt und irgendwann mein Gehirn gegen mich einsetzen will.

Es ist möglich, dass eine solche Elite schon existiert, aber die Mehrheit der Leute meine obigen Behauptungen nicht aus diesem Grund ablehnt. Warum dann? Man hat ihnen die Ablehnung eingebläut, und sie wissen die Antwort auf meine „irrgläubigen und sinnlosen" Behauptungen sofort. Ihrer Meinung nach hat der Gedanke keine Kraft und sie behaupten es laut. Sie irren sich. Mit ihrer Unkenntnis schaden sie sich selbst am meisten, aber sie schaden auch der Entwicklung der Wissenschaft. Hier haben Sie die typischen Antworten. Daran können Sie die falschen Propheten sofort erkennen.

Existiert die Kraft des Gedankens?

Der Gedanke hat eine messbare Kraft. Wenn Sie es begreifen oder sogar erfahren, bringt es nur einem einzigen Menschen Gewinn:

---

[41] *CC0 fill, Pixabay.com, Editiert*

Ihnen. Und wenn Sie dazu noch mit der Raum-Materie-Theorie bekannt werden ...

Wenn Sie dieses Buch lesen, kann Sie nichts davon retten, die Raum-Materie-Theorie zu verstehen. Nicht einmal dann, wenn sich die Begriffe des Raumes und der Materie im folgenden Kapitel ein bisschen verwirren.

Existiert die Kraft des Gedankens? Wichtigere Typen der verneinenden Antworten	
	Nein. Nur Gott kann die Gedanken beeinflussen oder selbst er kann es nicht. Der Gedanke ist frei, deshalb gibt es den Bösen.
	Aber nein! Das ist nur ein Märchen!
	Im Kino, Kumpel, im Kino, aber nicht im wirklichen Leben!
	Wer es sagt, ist geisteskrank oder drogensüchtig. Der Gedanke hat keine Kraft, ich weiß es, denn ich studierte an der Uni.
	Zaubertrick. Mit einem Magneten kann ich es sofort nachmachen!

42

---

42 *CC0 OpenClipart-Vectors, Pixabay.com*

1.10. Leben nach dem Tod, oder Materie ist manchmal Raum

Wenn Sie gläubig sind, werden Ihre Vorstellungen größtenteils von der Religion beeinflusst, die Sie ausüben. In diesem Abschnitt werden Sie kein religiöses Thema finden. Und auch keine esoterischen Lehren. Hier wird kein Wort über die Seele oder die Seelenwanderung erwähnt. In diesem Abschnitt geht es darum: Warum ergibt sich diese Frage, die von der heutigen Wissenschaft für sinnlos gehalten wird, aus der Physik? Die Frage ist: Leben wir weiter, wenn wir sterben?

Was ist „Seelenerhaltung"? Ist es so etwas wie Energieerhaltung? Nein. Genau dasselbe. Ich habe die Frage nur anders gestellt. Verstehen Sie es nicht? Dann sind wir in Ordnung! Genau so wollte ich dieses Kapitel beginnen!

43

Der Tunneleffekt ist ein existierendes Phänomen der Physik.

Es kommt zustande, wenn ein Elementarteilchen mit einer sehr geringen Energie durch eine solche Materie geht, wodurch es eigentlich nicht durchgehen dürfte. Warum? Weil es für diesen Durchgang mehr Energie brauchen würde, als es eigentlich hat. Es macht es dann eben doch. Und was das seltsamste ist: Es verletzt die Relativitätstheorie während dieses Durchgangs. Die Geschwindigkeit eines

---

[43] *CC0 T. Lajtner von CC0 Clker-Free-Vector-Images, Pixabay.com, Editiert*

Teilchens mit einer Masse kann die Lichtgeschwindigkeit nicht erreichen und nicht überschreiten. Das ist der Standpunkt der heutigen Lehrbücher. Das Teilchen ist aber dumm, wie ein Papierrad. Es interessiert sich für keine Lehrbücher. Im Hindernis fährt es deutlich schneller als die Lichtgeschwindigkeit. Und in einer Weise, die wir nicht beobachten können.

Hoppla! Hier ist ein gut bekanntes Teilchen, dessen gegebener Zustand genauso nicht beobachtbar ist, wie die Kraft des Gedankens. Schau an! Aber Vorsicht! Nicht verwechseln!

Wenn das Teilchen das Hindernis verlässt, bekommt es sein, für uns bekanntes Aussehen und seine Schnelligkeit wieder zurück.

Was bedeutet das? Das bedeutet, dass das Teilchen die Materie als Raum benutzt. Es tritt aus unserem gut bekannten Raum aus, wenn man es so will, aus unserer Raumzeit, und es tritt in eine Materie ein, was für ihn von hier an zum Raum wird. Wenn ich das dann wirklich so will, wird das eine andere Art von Raumzeit werden. Natürlich ist dies eine leichtsinnige und falsche Aussage, da wir ja noch nicht wissen, was Zeit und Raum eigentlich sind. Wenn wir das wüssten, würden wir solche Sachen nicht sagen. Wir würden sagen, es tritt in einen neuen Raum ein.

Gibt es dann dementsprechend mehrere Räume? Ja, dann stimmt das! Dann ist es möglich, dass die früher erwähnten Wurmlöcher in Wirklichkeit nicht existieren, und anstatt diesen eigentlich viele Räume existieren? Ja. Und woran unterscheiden sich diese Räume? Daran, wie groß in ihnen die erlaubte Geschwindigkeit ist!

Ein Raum der aus Material geformt ist, was also nicht unser gut bekannter Raum ist, ist mit einer solchen Tafel am Eingang versehen:

44

44 © T. Lajtner, Lajtnermachine.com

75

Laut der konventionellen Vereinbarung bedeutet das: Geschwindigkeitsbegrenzung aufgehoben. Sie können schneller als die Lichtgeschwindigkeit (c) fahren.

Bei dem, für uns gut bekannten Raum ist diese Tafel zu finden:

45

Geschwindigkeitsbegrenzung. Die maximale Geschwindigkeit ist die Lichtgeschwindigkeit (c). Aber nur für das Licht. Massen müssen langsamer fahren.

Die Materie wechselt bei dem Raumwechsel die Geschwindigkeit. Da die Geschwindigkeit aber bestimmt, in welcher Form die Materie existieren kann, oder gerade die Form der Materie bestimmt, mit welcher Geschwindigkeit sie voranschreiten darf, macht die Materie eine Metamorphose durch.

Aus dem für uns gut bekannten Raum in einen „Schnellraum" eintretend, verliert sie die für uns bekannte messbare Natur. Das Wesen der Materie verändert sich aber mit der Metamorphose nicht. Im Fall des Elektrons sieht die Metamorphose so aus:

Der Tunneleffekt beweist, wenn die Materie den „Schnellraum" verlässt, verlangsamt sich ihre Geschwindigkeit, und mit einer neueren Metamorphose nimmt sie wieder seine übliche, „normale" Form auf.

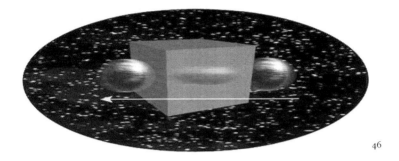

Das Bild ist nicht maßstabgetreu. Der gelbe Pfeil zeigt die Bewegungsrichtung des Elektrons. Das Elektron bleibt ein Elektron auch „in dem blauen Kubikraum", nur in einer Form, die wir nicht kennen.

In Worten:

RAUM	Barriere aus Materie gemacht In Raum-Materie Theorie: "Schnellraum" oder "Materieraum"	RAUM
©̲	⊘̸	©̲
Elektron →	Laut den Lehrbüchern: ??? Raum-Materie Theorie: Schnellwelle (fast wave)	→ Elektron

Im Falle eines Elektrons sehen diese zwei Metamorphosen folgendermaßen aus:

Die „drei" Elektronen unterscheiden sich voneinander in nichts, es geht um dasselbe Elektron, obwohl der Schnellwellen-Zustand für uns nicht messbar ist. Heute ist er „unmessbar".

***

Laut des Obenerwähnten ist es vorstellbar, dass es ein Verlust war, Dr. Ereditato von CERN aus der Leitung der Neutrino Forschungsgruppe wegzuschicken. Der Grund der Entlassung war, dass er in 2011 mit seinen Kollegen, mit mehreren Hundert gut ausgebildeten Forschern, die Forschungsergebnisse von drei Jahren veröffentlicht hat. Dies enthielt, dass laut ihren Messungen, das Neutrino (ein über Masse verfügendes Elementarteilchen) schneller als das Licht voranschritt. Die Gemeinschaft der Physiker war empört, und mehrere Forschungsinstitute haben schnell verkündet, dass sie die Geschwindigkeit des Neutrinos auch bemessen haben, und diese die Geschwindigkeit des Lichts nicht überschritten hat.

Es kann sein, dass Ereditato und Kollegen falsche Messungen gemacht haben, aber das Neutrino kann auch genauso gut in einen schnelleren Raum eingetreten sein, wie das Elektron oder Photon das tun. Vielleicht hat die Gruppe gerade diese Geschwindigkeit gemessen? Dem kann man heute überhaupt nicht mehr nachgehen, alle Spuren der Studie sind aus dem Internet weg. Unglaublich? Nun klicken Sie hier: http://arxiv.org/ftp/arxiv/papers/1109/1109.4897.pdf). Was haben Sie gefunden? Den Artikel „Measurement of the neutrino velocity with the OPERA detector in the CNGS beam" oder nichts? Leider nichts.

Diese Geschichte hat mich zum Nachdenken gebracht. Mein Buch kommt offensichtlich auf die „Blacklist" der Physiker, mich kann man aber von nirgendwo entlassen. Werde ich befördert?

Ist die Seele vielleicht eine solche unmessbare Materie, die von einem Raum in den anderen wandert? In welchen Raum ist sie jetzt?

Gibt unser Körper den Raum für unsere Seele? Es wäre schon denkbar. Oder gibt es eine andere Beziehung zwischen unserem Körper und unserer Seele? Ist es etwa solche Beziehung, wie unsere Gehirnverbindung mit den wirren, aus der Welt stammenden Gedanken?

Der Abdruck unseres Körpers ist in dem uns gut bekannten Raum vorhanden. Unsere Gedanken existieren auch im Raum, wenn sie unser Gehirn, unseren Kopf verlassen. Sie existieren auch getrennt von unserem Körper.

Gibt es ein Leben nach dem Tod?

1.11. Dolmen als Megageräte der Kommunikation?

Kehren wir nun zu unseren interstellaren Künstlern zurück! Wie kommunizierten sie mit ihrer Heimat? Mit Instrumenten. Leider haben sie alle mitgebracht. Aber nicht doch! Die Dolmen sind sie hier gelassen. Haben Sie schon Dolmen gesehen? Sie sehen nicht so aus, wie die High-Tech-Geräte aus der Zukunft. Logisch, sie stammen aus der Vergangenheit.

Was sind Dolmen?

Die Dolmen seien Erben aus den prähistorischen Zeiten (Neolithikum, Jungsteinzeit, von 9000 bis 3000 v.Chr.).

Sie sind keine von Natur aus entstandene Formationen, sondern Bauwerke von intelligenten Schöpfern ihrer Zeit.

Ein Dolmen ist ein außergewöhnlich schweres und aus großen Steinblöcken, mit hervorragender Statik geplantes und gebautes Objekt.

Der Erbau der Dolmen überschreitet unsere Vorstellungen bezüglich der heutigen akademischen Geschichtsschreibung über die technischen Möglichkeiten der frühzeitlichen Menschen bei weitem. Es überschreitet sogar die Kommunikationsmöglichkeiten der frühzeitlichen Menschen, da diese Bauten an sämtlichen Teilen der Welt auffindbar sind.

Wie konnten sich die Dolmen ohne das Vorhandensein einer globalen Kommunikation in der ganzen Welt verbreiten? Die Kulturen an den verschiedenen Teilen unserer Erde sind und waren auch immer verschiedenen. Die Religion, die Weltanschauung und auch die Beerdigungsbräuche sind verschieden. Ist der Dolmen die einzige solche Erfindung, von dem die ganze altertümliche Welt Gebrauch machte und der von jeder isolierten Zivilisation selbstständig ausfindig gemacht wurde?

47

Ein Ganghwa-Dolmen, Südkorea

Die Maße des am Bild zu sehenden Dolmens sind: 2,6 × 7,1 × 5,5 Meter. Sein Gewicht beträgt 150 – 225 Tonnen.

Wozu dienen die Dolmen?

Was ist der Sinn der Dolmen? Schön sind sie nicht. Dann sind sie wahrscheinlich nützlich. Aber für was? Dies können wir uns mit unserem heutigen Verstand nicht einmal vorstellen. Wir sind der Meinung, dass wir mehr wissen, als die frühzeitlichen Menschen wussten. Unsere Wissenschaften und Technologien sind gut entwickelt. Jedoch haben wir trotzdem keine Ahnung was im Grunde genommen die Dolmen sind. Die Dolmen stehen auch heute, es gibt sie, einst waren sie für jemanden wichtig, diese zu erschaffen. Und sie wurden auch gebaut.

---

47 *CC BY-SA 3.0 Hairwizard91, Wikipedia,*
https://upload.wikimedia.org/wikipedia/commons/1/1d/Korea-Ganghwado-Dolmen-02.jpg

Der Erbau eines Dolmens ist eine große Arbeit, sowie in physischer, als auch geistiger Hinsicht. Würden vernünftige, starke, denkende Wesen etwas erbauen, das überhaupt keinen Sinn hat? Obendrein dutzendweise, überall auf der Erde? Wohl kaum. Die Dolmen waren für ihre Erbauer wichtig. Da die Dolmen wahrscheinlich zu Kommunikationszwecken gedient haben. Wie? Versuchen wir dies herauszufinden!

Einige sichtbare Eigenschaften der Dolmen

- Die Dolmen sind überall auf der Erde aufzufinden, ihre Lage konzentriert sich weder auf eine bestimmte Fläche, noch auf einen Kontinent.
- Ihre Bestandteile sind separate Felsen. Sie haben keine Anbauten, sie wurden nicht mit anderen Bauten ergänzt, zwischen den Steinen gibt es kein Verbindungsmaterial.
- Ihre Bestandteile haben außerordentlich große Maße, sie sind schwer, massiv und stark.
- Diese Bauobjekte haben äußerst hervorragende statische Eigenschaften, sie sind außergewöhnlich stabil.
- Wegen des Gewichts (der Masse) beansprucht der Erbau eines Dolmens eine besondere Technologie. Solche Steinblöcke sind sehr schwer zu bewegen, zu transportieren und zu heben.
- Wegen seinen statischen Eigenschaften erfordert der Erbau des Dolmens eine besondere technologische Genauigkeit.
- Der Dolmen ist im Allgemeinen nicht mit Reliefs behaut. Demnach nutzte man den Dolmen für eher praktische Zwecke.

Die akademische Geschichtsschreibung ist mangelhaft oder falsch

Die obige Auflistung ist zwar unvollständig, aber selbst anhand der obigen Eigenschaften kann eine wichtige Schlussfolgerung abgeleitet werden: Die akademische Geschichtsschreibung und die physisch vorhandenen Dolmen sind nicht im Einklang miteinander. Anhand der akademischen Geschichtsschreibung sind die Dolmen entweder Begräbnisstätten, oder religiöse Bauten (Kirchen), oder Schauplätze von kultischen Zeremonien. Dies ist bedeutet laut dem akademischen Fachjargon ungefähr das, dass man überhaupt keine Ahnung darüber hat, welche Bedeutung sie haben.

Die akademische Geschichtsschreibung sagt auch, dass die Mittel der frühzeitlichen Menschen primitiv waren. Wenn wir das ernst nehmen, dann müssen wir auch erkennen, dass mit diesen Mitteln das Erbauen der Dolmen im Grunde genommen unmöglich war. Die Dolmen sind aber da. Demnach ist dieser Teil der akademischen Geschichtsschreibung des Altertums (und die Geschichte dessen Vorwelt) nicht richtig. In dieser Hinsicht bleiben zwei Lösungen nahe liegend:

- Die frühzeitlichen Menschen waren im Stande Dolmen zu bauen. Demnach verfügten sie über die entsprechenden Mittel. Nebenbei verfügten die frühzeitlichen Menschen auch über ein Kommunikationsmittel, welches sich auf der ganze Erde ausbreitete. Sie hatten entweder tatsächliche Fernmeldemittel, oder weitentwickelte Verkehrslinien, die die ganze Erde vernetzten. Demzufolge entsprechen die frühzeitlichen Menschen der heutigen akademischen Geschichtsschreibung in keiner Hinsicht.
- Die akademische Geschichtsschreibung ist hinsichtlich der frühzeitlichen Menschen entweder falsch, oder aber auch richtig, dann wurden aber die Dolmen nicht von frühzeitlichen Menschen erbaut. Aber von wem dann? Darüber sagt die akademische Geschichtsschreibung auch nichts aus.

Die präastronautische Auffassung

Die präastronautische Auffassung besagt, dass es auf unserer Erde viele solche altertümlichen Denkmäler gibt, die zu zeigen scheinen, dass auf unserer Erde Astronauten fremder Welten gelandet sind, nämlich in der frühen Geschichte der Menschen, in der prähistorischen Zeit.

Wir haben viele greifbare Erinnerungen, die diese Auffassung glaubhaft machen. Wand- und Höhlenmalereien, Statuen und Bauobjekte. Die Dolmen sind eine dieser Bauobjekte.

Sollten wirklich Astronauten aus fremden Welten auf der Erde angekommen sein, so ergeben sich zahlreiche Fragen. Bezüglich der Dolmen sind aber nur ein paar dieser Fragen für uns wichtig. Wie viele Astronauten sind hier angekommen? Wahrscheinlich viele. Warum? Weil weniger Astronauten auch weniger Dolmen gebaut hätten, sofern die Dolmen für jene Zwecke dienten, die ich annehme. Um zu verstehen, was die Rolle der Dolmen sind, ist es wichtig zu wissen, von wo Astronauten angekommen sind.

Weil wir das Universum schon ein bisschen kennen, hier kommen konkrete Hinsichten hervor.

Sofern die Astronauten von innerhalb unseres Sonnensystems kamen

Woher kamen die Astronauten? Von „nah" oder „fern"? Diese Fragen spielen deswegen eine Rolle, da sie die Methode der Kommunikation determinieren. Mit Licht kann man in Echtzeit nur in „kurzen Entfernungen" kommunizieren. Kurze Entfernungen verstehe ich im kosmologischem Sinne als kurze Entfernungen. Die Echtzeit (real time) bedeutet: Ich frage etwas, und ich bekomme die Antwort gleich, ohne Tage, Monate oder Jahre warten zu müssen.

Von wo könnten also die Astronauten überhaupt gekommen sein? Ich bin kein Experte in diesem Themenbereich, aber Dank den Karten über das „Sonnensystem und dessen Umgebung" und Dank des Internets, sind wir uns mit den folgenden Tatsachen im Klaren:

Aus der „Nähe" hätten die Astronauten nur dann kommen können, wenn wir über ein anderes Objekt (von einem Planeten oder von einem Mond) unseres Sonnensystems sprechen. In diesem Fall können wir aus jenem Grund „aus der Nähe" sagen, da die Kommunikation zwischen den im Sonnensystem heutzutage bekannten Planeten und der Erde, mit einer auf Lichtgeschwindigkeit (elektromagnetische Wellen) basierender Kommunikationsart, schon fast in Echtzeit möglich ist.

Die Entfernungen des Sonnensystems wurden in der folgenden Tabelle veranschaulicht. Ich habe das Sonnensystem schon früher gründlich dargestellt. Diese Zahlen habe ich da nicht gezeigt, sie waren dort unwichtig. Hier sind sie wichtig. Die Entfernung der Sonne und der Planeten mit Lichtgeschwindigkeit ausgedrückt:

Planet	Merkur	Venus	Erde	Mars	Jupiter
Reisezeit	3,2 Min.	6,0 Min.	8,3 Min.	12,6 Min.	43,2 Min.

Planet	Saturn	Uranus	Neptun
Reisezeit	1,3 St.	2,6 St.	4,1 St.

Eine Lichtminute bezeichnet die Entfernung, die das Licht in einer Minute zurücklegen kann. Das Licht der Sonne erreicht unsere Erde in etwa 8 Minuten, den Uranus in mehr als zweieinhalb Stunden.

Im Sonnensystem ist von der Sonne (und von uns) der Planet Neptun am weitesten entfernt. Wenn wir eine Nachricht mit elektromagnetischen Wellen (mit Licht) zum Planeten Neptun schicken möchten, so würde eine kurze Unterhaltung dorthin ca. vier Stunden brauchen.

Das heißt, dass das Gespräch

„Hallo, wie geht's?"

„Danke, gut."

mehr als 8 Stunden beanspruchen würde (4,1 Stunden hin und 4,1 Stunden zurück). Unsere Entdeckungssatelliten kommunizieren mit uns so. Das ist zwar keine rasante Kommunikation, jedoch hinsichtlich der elektromagnetischen Wellen eine akzeptable Lösung.

Wenn es im Sonnensystem einen Planeten geben würde, wo eine intelligente Zivilisation lebt, so müssten wir das Suchen gar nicht mehr fortsetzen. Aber selbst wenn dies der Fall wäre, würde sich nie herausstellen, wozu der Dolmen dient, höchstwahrscheinlich gäbe es dann auch keine Dolmen! Tatsache ist aber, dass die Dolmen zwar da sind, jedoch kein solcher Himmelskörper in unserem Sonnensystem auffindbar ist, auf dem es solch eine intelligente Kultur gäbe oder gab, die die Astronauten rausschicken könnte. Der Neptun ist auch keiner dieser eventuell möglichen Planeten.

Ist es möglich, dass ein Planemo (Planetary-Mass Object, Planet, der keinen Stern begleitet.) in unserem Sonnensystem auf „Durchreise" war, aber unser Sonnensystem schon verlassen hat? Die Astronauten kamen vielleicht von dort! Für die letzten 15-30.000 Jahre kann fast mit 100 % Sicherheit festgelegt werden: Es gab keinen solchen Planeten. Die Astronauten konnten also keinesfalls aus unserem Sonnensystem kommen. Sie müssen von viel ferner gekommen sein. Von außerhalb unseres Sonnensystems. Und ohne Planemo. Sondern mit Raumschiff. (Wenn sie überhaupt gekommen sind ...)

---

[48] *Public Domain Artist's concept of Voyager in flight © NASA/JPL, Wikimedia.org*

Sofern die Astronauten von außerhalb unseres Sonnensystems kamen

Wenn die Astronauten von außerhalb unseres Sonnensystems kamen, dann kamen sie von „weiter Ferne", da diese Entfernungen zwischen unserer Sonne und anderen Sonnen (Sternen) viel größer sind, als die innerhalb unseres Sonnensystems, also zwischen den Planeten und der Sonne. Wir haben bis jetzt von Lichtminuten und Lichtstunden gesprochen, jetzt sprechen wir aber schon von Lichtjahren, wie Sie es nach dem Nazca-Kapitel schon wissen dürfen.

Ein Ausschnitt des Google 3D Universum Bildes: Unsere nächstliegende Nachbarsterne in der Milchstraße.

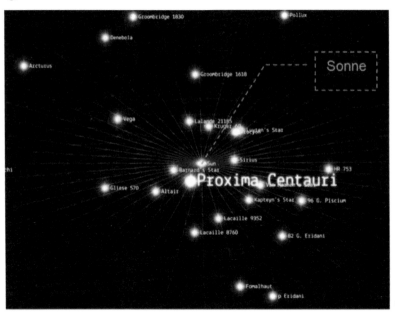

49

Das Bild zeigt unsere Nachbarsternen. Wenn wir Sterne nur innerhalb von 10 Lichtjahren suchen, finden wir hier 14 Sterne. Der nächstliegende Stern war schon früher in Nazca-Kapitel erwähnt, er

---

49 *Public Domain © Google, http://stars.chromeexperiments.com/*

ist die Proxima Centaury, in einer Entfernung von ca. 4,2 Lichtjahren. Dies ist aus astronomischer Hinsicht nahe, aber mit menschlichen Maßstäben gerechnet sehr-sehr weit entfernt. Stellen wir uns nur als ein Beispiel vor, dass die Astronauten von hier (also vom diesem nächstliegendem Ort) kamen. Wir haben keine Ahnung mit was für einem Raumschiff diese Entfernung zurückgelegt werden kann, bzw. wieviel Zeit man dazu braucht. Wir wissen aber, dass wenn sie nach ihrer Landung auf der Erde, mit ihrem Planeten via elektromagnetischen Wellen Kontakt aufnehmen wollten, für den obigen kurzen Dialog mehr als 8 Jahre bräuchten. Es sieht also so aus, dass im Falle von solchen Entfernungen die Lichtgeschwindigkeit für uns sterbliche Menschen nicht ausreichend ist. Wenn die hier angekommenen Astronauten Sterbliche waren, so war es auch für sie nicht schnell genug.

Was haben sie anstelle des Lichts verwendet? Gibt es etwas Schnelleres als das Licht? Laut dem heutigen Stand der akademischen Physik ist die Antwort „eindeutig nein".

Aber wir selbst haben schon zwei Phänomene gesehen, die Geisterwirkung und den Tunneleffekt. Und es gibt noch ein!

Die Physik behauptet, dass unser Universum 13,8 Milliarden Jahre alt ist. Wenn es so ist, wie kann die Größe des Universums 91 Milliarden Lichtjahre sein und nicht kleiner als 27,6 Milliarden? Nur so: Wenn die Geschwindigkeit des Wachstums des Raums größer ist als die Lichtgeschwindigkeit.

Also, noch mal! Gibt es eine andere Methode eine Nachricht schneller als die Lichtgeschwindigkeit zu verschicken? Nein. Gemäß dem heutigen Stand der Physik gebe es weder eine andere, noch überhaupt keine schnellere Methode.

„Überdiskutiert."

Wie schnell ist die Gravitation?

Wir können eine Information nur dann wegschicken, wenn wir irgendeine Änderung hervorrufen. Eine Information gibt es nur dann, wenn es mindestens zwei voneinander abweichende Zustände gibt. Sagen wir z. B. dass in einem signallosen Zustand ein Signal eintrifft. Was ist überhaupt das Signal? Ein Signal ist ein Effekt, das von „etwas, oder jemanden erkannt wird". Also wenn auf Aktion eine Reaktion folgt. Die Voraussetzung dazu ist das Versenden einer Art Kraftwirkung oder Energie. Kann man Kraft mit der Gravitation senden? Ja, warum nicht? Wie schnell ist wohl die Gravitation?

Laut dem Standpunkt der heutigen Physik sei nichts schneller als das Licht. Es gibt Physiker, die der Meinung sind, die Gravitation sei schneller als das Licht. Hier werden sie nicht zitiert, weil sie in vielen Fällen mit dem Äther kalkulieren, wobei niemand weiß, was immer der Äther ist.

Was ich persönlich bei der Gravitation nicht verstehe: eine so langsame Gravitation könnte die Milchstraße nicht zusammenhalten. Und wo sind noch die größeren Einheiten, und wo ist der überdimensionale Laniakea? Sie sind einfach zu groß um sie mit Lichtgeschwindigkeit gesteuert werden zu können.

Gravitation, als Verbiegung der Raumzeit

Anhand der modernen Physik ist die Gravitation die Deformation der Raumzeit, dies hat Einstein in seiner allgemeinen Relativitätstheorie verfasst. Demnach verbiegt die Masse den Raum um sich herum. Die verbogene Raumzeit zeigt diese allgemein bekannte Abbildung:

Die Gravitation als die Deformation der Raumzeit, welche von der gelben Masse hervorgerufen wird. In diesem Fall hat die Gravitation keine Geschwindigkeit, sie ist ein Zustand der Raumzeit. Die Zustände verändern sich mit Lichtgeschwindigkeit.

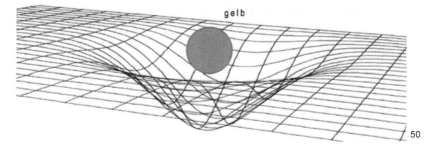

gelb

50

Die Krümmung der Raumzeit zeigt das Ausmaß der Gravitation. Die Figur kann man gleich verstehen. Die gelbe Masse verursacht die Krümmung der Raumzeit.

Komischerweise, der Mechanismus der Gravitation kann man aus der Figur nur so verstehen, wenn man weiß, wie die Gravitation wirkt.

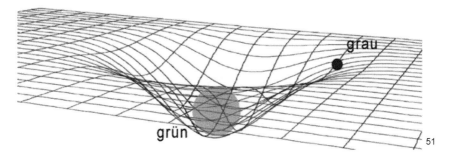

grau

grün

51

Wir wissen aus Erfahrung, dass der graue Kugel wegen der Gravitation herunterrollen wird. Wüssten wir es nicht, wäre diese Figur nicht zu verstehen. Also hier erklärt man die Gravitation mit der Gravitation.

Spaß beiseite: der Krümmung der Raumzeit ist eine Gegebenheit für die graue Masse. Sie hat keine Wahl, sie muss da fahren. Es gibt nur eine einzige Raumzeit.

---

[50] © *T. Lajtner, Lajtnermachine.com*
[51] © *T. Lajtner, Lajtnermachine.com*

Die Krümmung der Raumzeit wird von zahlreichen Experimenten und Beobachtungen bestätigt. Wie die Gravitation aber tatsächlich wirkt, kann keine der Beobachtungen und Theorien nachweisen. Die Raumzeit ist ein Modell. Gibt es aber auch andere Modelle? Ja, wie z. B. mein Raum-Materie-Modell. Hier braucht man nicht zu wissen, wie die Gravitation wirk, um zu verstehen, wie die Gravitation wirk.

1.12. Gravitation: geschoben von Raum

Im Raum-Materie-Modell ändert die Masse die Wellenlängen des Raums. Je größer die Masse, desto niedriger sind die Schwingungen des Raums.

Die Gravitation wird von den kräftiger schwingenden Raumteilen hervorgerufen, nämlich so, dass sie die Objekte verschieben. In diesem Modell gibt es keine Änderung der Raumzeit, es ist aber leicht einzusehen, dass die Phänomene, die die Raumzeit verändern, auch in diesem Modell wirksam bleiben.

Die Änderung der Gravitationswellen im Raum, die von der Masse generiert und beeinflusst ist.

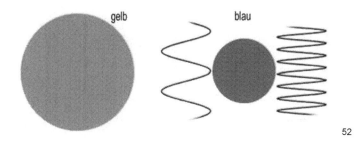

gelb   blau

52

Die große (gelbe) Masse reduziert die Frequenz der Raumwellen an der linken Seite der blauen Masse. Die Frequenz der Wellen an der rechten Seite der blauen Masse wird somit höher, als an der linken Seite. Eine höhere Frequenz bedeutet zugleich auch mehr Energie. Die Raumwellen mit mehr Energie (Kraft) verschieben die blaue Masse in Richtung der gelben Masse. (Das Bild ist nicht maßstabsgerecht.)

Mehr verständlich, aber nicht fachgerecht: Du bekommst solch eine Ohrfeige, dass du wegfliegst! Wenn der blaue Planet drei Ohrfeigen von der rechten Seite bekommt, aber nur eine von der linken, dann fliegt er nach links.

---

[52] © T. Lajtner, Lajtnermachine.com

Der Raum ist keine Materie (oder mindestens keine bekannte Materie). Die Lichtgeschwindigkeit ist laut der Physik die oberste Grenze der Geschwindigkeit der bekannten Materie. Demnach ist die mit den Raumwellen beschriebene Gravitationsgeschwindigkeit anhand der Physik unabhängig von der obersten Geschwindigkeitsgrenze der bekannten Materie.

Diese Meinung kann man überhaupt nicht publizieren. Warum? Nun, in 1993 haben Hulse und Taylor den Nobelpreis gekriegt, weil sie mit der Hilfe des Lichtes gemessen haben, dass die Gravitation Lichtgeschwindigkeit habe. Manche Wissenschaftler sind der Meinung, sie hätten die Lichtgeschwindigkeit gemessen. Weiss, Barish und Thorne bei LIGO sind auch Lichtgeschwindigkeit-Fans. Sie haben die Gravitationswellen gemessen, die (natürlich) mit Lichtgeschwindigkeit gefahren seien. Nobelprise in 2017.

LIGO hat die Gravitationswellen (also die veränderten Raumwellen) mit Licht gemessen. Meiner Meinung nach, die Raumwellen waren nicht von Massen sondern von der Energie verursacht. Energie habe keine Gravitation, sagt die moderne Physik. Einverstanden. Wir nennen Gravitation die von Massen generierten Raumwellen.

Aber wir können hier das Thema nicht beenden. Noch Paar Seiten, und Sie werden verstehen, warum. Hier nur kurz: Es ist unmöglich, dass das Licht (die elektromagnetische Energiewelle) im Raum ist, aber sie haben keine Wechselwirkung miteinander. Sie müssen Wechselwirkungen haben. Auch das Licht generiert Raumwellen, und diese Wellen können andere Lichter „als Gravitation" wahrnehmen. LIGO hat diese Wellen gemessen. Die „Gravitationskraft des Lichtes" wirkt genau so wie die „normale Gravitationskraft der Massen". Sie hängt von der Entfernung der Objekten ab. Auf gut deutsch: jetzt, da die Energiewellen die Erde erreicht hatten, war ihre Gravitation so groß, die man messen konnte.

Heute, natürlich, bin ich allein mit dieser Vorstellung. Wollen Sie sich zu mir *gravitieren*?

Der Raum-Materie-Theorie nach, die Gravitationsgeschwindigkeit ist viel größer als die Lichtgeschwindigkeit, sie übersteigt sogar die Geschwindigkeit der gemessenen Kommunikationsgeschwindigkeit der Geisterwirkung. (Dort brauchen die Photonen Zeit um ihre Spins zu verändern.)

Kurzum: Es gibt solche Kommunikationskanäle, wo man auch bei sehr weiten Entfernungen in Echtzeit kommunizieren kann.

Die Dolmen sind die Tragwerke der Anlagen für die Gravitations-Kommunikation

Wenn auf unserer Erde wirklich Astronauten landeten, so war ihr technischer Entwicklungsgrad wahrscheinlich höher als der Stand unserer jetzigen Technik. Sie müssen die Wellen des Raums, die Gravitationswellen, gekannt haben.

Wenn sie über einen Apparat verfügten, der imstande war die Gravitation der gegebenen Materie entsprechend zu ändern, dann konnten sie auch mit dessen Hilfe in Echtzeit, im Grunde genommen in unbegrenzten Entfernungen kommunizieren.

Das weiter oben als Beispiel angeführte Gespräch dauert mit Gravitationswellen genauso lange wie das Gespräch selbst.

Wir wissen nicht bei welcher Materie die Masse, und damit auch die Gravitation dieser Materie, von den Astronauten geändert wurden. Wenn es eine Materie war, die wir auch selber kennen, dann mussten sie zuvor dessen Masse unbedingt steigern, da in dem gegebenen Referenz-Frame, die sich im Ruhestand befindlichen Massen der von uns bekannten Materien nicht verringert werden können.

Wenn nun diese Masse wächst, dann muss diese Masse auch von etwas gehalten werden. Je größer die Masse, desto stärkere Tragewerke sind erforderlich. Dies konnten die Dolmen gewesen sein. Wenn die Dolmen tatsächlich diesem Zweck dienten, dann bedeutet das, dass die Astronauten eine auch von uns bekannte Materie verwendet und deren Masse geändert haben. Mit anderen Worten, wir hätten dann auch die Möglichkeit solch ein Apparat anzufertigen. Die Dolmen sind ja schon fertig!

Warum war es wohl nicht gut genug, diese Materie und den Apparat, den sie benutzten, einfach auf den Boden zu stellen? Weil wir den Apparat nicht kennen, wir können nur herumraten. Vielleicht, weil man den Apparat um diese Materie herum aufbauen musste. Die Dolmen entsprechen jedenfalls diesem Zweck.

53

Dolmen de Crucuno (Plouharnel, Morbihan, Bretagne, France)

Der große, als Dach fungierende Stein ist 7,6 Meter lang und hat ein Gewicht von 40 Tonnen.

40 Tonnen – ein Stück – ein Stein! Ist es wohl möglich, dass ein Dolmen mit einem 40 Tonnen schweren Dach nichts anderes ist, als eine Art Kulisse für kultische Zeremonien der frühzeitlichen Menschen? Vielleicht ist es so. Dessen Wahrscheinlichkeit ist aber viel geringer, als dass die Dolmen als eine auf Gravitation basierende Fernmeldeanlage dienten und dessen Tragewerke waren.

---

[53] *CC BY-SA 3.0 & GFDL Myrabella, Wikimedia, https://upload.wiki-media.org/wikipedia/commons/8/8c/Crucuno_dolmen.jpg*

Es ist nicht bloß eine Spekulation

Die auf Raumwellen basierende Kommunikation ist nicht bloß eine Spekulation. Dies wurde von der Natur tatsächlich erfunden. Wie Sie es gleich sehen werden, auch die Gedankenkräfte funktionieren auf dieser Basis, sie sind imstande, die Wellen des Raums zu ändern. Dies ist heutzutage ein revolutionärer Anschauungspunkt. Heutzutage meint man allgemein, dass die messbaren Gedankenkräfte die elektrische/elektromagnetischen Signale des Gehirns sind. Diese Signale können mit diversen Instrumenten gemessen und geleitet werden. Sie dürfen sich an Sanyi und Béla erinnern. Die Methoden dieser Messungen sind öffentlich und bekannt, und ich auch habe sie dargestellt.

Es gibt aber auch solche, wahrhaftige, mit den Gedanken in Verbindung gebrachte und messbare Erscheinungen, die nicht auf elektromagnetische Anzeichen des Gehirns hindeuten. Sie existieren, denn die menschlichen Augen, die Computer, aber auch die Videokameras, können dies sehen und empfangen. Wie kommen diese zustande? Sie werden die bald erkennen, noch ein Paar Seiten... Gedanken sind weit mehr als elektromagnetische Wellen. Das Prinzip der Gedanken steht den Grundsätzen der Gravitation am nächsten. Die Astronauten haben also nicht weiteres gemacht, sie haben die Funktion, den Mechanismus der Gedanken kopiert. In Riesengroßen.

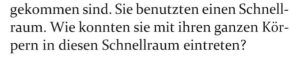

Und klären wir jetzt endlich auch, wie Weltraumfahrer hierhergekommen sind. Sie benutzten einen Schnellraum. Wie konnten sie mit ihren ganzen Körpern in diesen Schnellraum eintreten?

Das ist noch Garnichts! Wie konnten Sie aber wieder austreten? Davon habe ich bis jetzt keine Ahnung. Wüsste ich es, sollte ich jetzt die Raumzeit nicht demontieren!

54

---

54 *CC0 OpenClipart-Vectors, Pixabay.com, Editiert*

1.13. Raumzeit zerlegt

Gleich kommen Sie zum Ende des Buches! Ich weiß, ich weiß...ich hatte dasselbe Gefühl. Es ist wirklich schade. Das ist ein gutes Buch. Und außergewöhnlich. Deswegen kommt jetzt dementsprechend eine außergewöhnliche Zusammenfassung. Ich fasse alles, was ich bisher gesagt habe, so zusammen, dass ich sage, was ich noch nicht gesagt habe. Könnte es ein besseres Ende geben?

Wer fragt,

was Raum, was Zeit, was Materie ist, fragt was die Welt ist. So hat die Essenz von Raum, Zeit und Materie die Menschen immer beschäftigt. Die heute bekannten, frühesten philosophischen Definitionen stammen von den Griechen. Wenn wir die Religion auch dazuzählen, finden wir auch ältere Definitionen. Wenn wir über Raum und Zeit sprechen, spüren wir Menschen ganz genau worüber wir eigentlich reden. Diese Gefühle sind aber schwer in Definitionen zu fassen. Die bisherigen Definitionen zeigen sich in jedem Fall als mangelhaft, sollte es um Raum oder Zeit gehen.

Auf den ersten Anhieb kann man sagen:

- Raum ist, wo die Position und die Bewegungsrichtung der darin enthaltenen Materien (Entitäten) zustande kommen.
- Zeit ist das Nacheinander von Ereignissen.
- Materie ist, was in Form von Masse oder Energie erscheint.

Diese sind hervorragende Definitionen solange wir nur „lila" Spekulationen machen. Wenn uns nicht nur die Spekulation antreibt, sondern wir uns auch bemühen den Geschichtspunkt der Messbarkeit zu berücksichtigen, können wir ungefähr das folgende sagen:

Zeit ist, was wir als Zeit bemessen. Raum ist, was keine Materie ist. Materie ist, was wir als Materie identifizieren. Diese Antworten sind einfach, die abstrakteren Antworten können komplizierter und bunter sein, bringen uns aber nicht wesentlich weiter. Das Wesentliche geht über die oben genannten drei Sätze kaum hinaus. Raum und Zeit sind mit der Schöpfung oder mit Urknall erzeugten „Dinge", in denen Materie existiert.

Stehen Raum und Zeit miteinander in Verbindung? In der Physik waren bisher zwei Auffassungen herrschend. Erstens: keine Verbindung. Zweitens: Sie bilden eine Einheit. Gibt es auch eine dritte Lösung? Ja, das habe ich oben gezeigt. Es war einfach es darzustellen, erklären ist aber etwas schwerer. Es zu verstehen ist erfreulich, das sage ich aus Erfahrung. Ich habe es so verstanden, dass ich mir selber die Frage gestellt habe:

Was können wir messen?

Ich habe mir selber so geantwortet: Wir können nur die Materie messen. Wenn wir also den Raum oder die Zeit messen, messen wir in jedem Fall die Materie oder die Interaktionen der Materien.

Bezeichnen wir Raum und Zeit mit Materie? Ja. Das ist nur dann möglich, wenn sowohl Raum, als auch Zeit „etwas Materienhaftes" enthalten. Wenn Raum und Zeit auch mit Materie gemessen werden können, dann müssen Raum und Zeit notgedrungen „etwas Ähnliches" wie die Materie haben. Tja, das ist sehr pfiffig. Was bedeutet das? Das bedeutet, dass es auch eine Beziehung zwischen Raum und Zeit geben muss. Zeit ist vom Raum nicht unabhängig.

Ist das ein Problem? Ja, laut den Physikern ist das ein Problem. Es ist ein Problem, weil sie mit dem Koordinatensystem der Raumzeit hervorragend arbeiten können. Das Koordinatensystem ist ein allseits bekannter Begriff. Schauen wir uns der Einfachheit halber ein zweidimensionales Koordinatensystem an, wobei eine Gerade die Zeit, die andere die Richtung des Raumes ist.

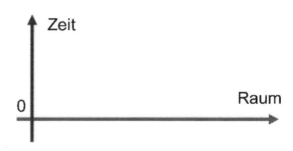

Der Punkt o (Null) zeigt, dass der Raum Null Zeit enthält, und die Zeit Null Raum. Auf gut deutsch gesagt, was Raum ist, ist Raum, was Zeit ist, ist Zeit. Keine Mischung dieser.

Wenn Raum und Zeit aber „etwas" Gemeinsames haben, dann bedarf diese Abbildung weiterer Rechtfertigung. Und wer rechtfertigt sich schon gerne? Niemand. Auch nicht die Physiker. Kein Problem, messen wir nur weiter!

Die Messung erfolgt mit Materie. Es müsste also eine gewisse gemeinsame Substanz geben, was in allen drei Kategorien zu finden ist. Gibt es so etwas? Ja. In diesem kurzen Kapital geht es um diese geheimnisvolle Beziehung. Dieses Geheimnis ist bisher von den Lehrbüchern nicht aufgedeckt worden. Die herrschende Auffassung von heute ist, dass der Raum nicht in Zeit, und die Zeit nicht in Materie umzurechnen sind, und man keines von diesen in Materie umrechnen kann. So sei X Minute = Y Meter sogar eine Dummheit, genauso, wie X Minute = Z kg.

Ist es wirklich dumm? Laut der allgemeinen Auffassung, ja!

Die allgemeine Auffassung irrt sich aber, da die Messung diese drei Dinge in irgendeiner Weise zusammenfügt. Das ist Fakt, aber es ist fern von den in Physikbüchern auffindbaren Konzeptionen. Was ist in den Physikbüchern?

Bis zum Anfang der 1900er Jahre war die Anschauung der Physik, dass Raum und Zeit miteinander nicht in Verbindung stehen. Danach ist für eine kurze Zeit der Äther in den Theorien der Physik erschienen. Das hat den Raum ausgefüllt, und die Interaktionen zwischen den Materien übermittelt, und war so auch ein hervorgehobenes und ständiges Referenzsystem. Auf Deutsch: Es gab Gleichzeitigkeit, weil Vorgänge von der Hinsicht des Äthers analysiert werden konnten.

Diesen Auffassungen hat Einsteins Relativitätstheorie ein Ende bereitet. Laut dieser verfügt der Raum weiterhin über drei verschiedene Raum-Dimensionen, die Zeit ist aber in Verbindung mit diesen. Und zwar in einer Weise, in der sie zusammen die vierdimensionale

Raumzeit bilden. In diesem Modell kann man in der Zeit auch rückwärtsgehen. In Theorie. In Wirklichkeit wissen wir von keiner Materie, die je in der Zeit rückwärtsgegangen wäre, obwohl das Internet voll mit solchen „erfolgreichen" (???) Experimenten in diesem Thema ist. Laut der Auffassung der heutigen Physik gibt es kein hervorgehobenes Referenzsystem, jede Materie sieht die Dinge „anders". Kein Äther. Es gibt die vierdimensionale Raumzeit.

55

Die Physik entwickelt sich in rasender Geschwindigkeit, neue Erkenntnisse kommen fast stundenweise ans Licht. Bei den quantenmechanischen Prozessen ergibt sich die vierdimensionale Raumzeit in vielen Fällen als nicht genügend. Was kann in solchen Situationen gemacht werden? Die Zahl der Dimensionen muss erhöht werden! Wenn wir die Zahl der Dimensionen der Raumzeit auf zehn oder zweiundzwanzig erhöhen, dann können wir gleich in die Geometrie der Raumzeit eintreten, und es kann darüber gesprochen werden: Ist der Raum flach oder gebogen, besteht es aus Saiten (Strings) oder mehrdimensionalen Objekten usw. So kann man unauffällig die ursprüngliche Frage überspringen. Wenn wir danach schön komplizierte mathematische Mittel miteinbringen, können wir sicher sein,

---

dass in einigen Minuten keiner aus der Hörerschaft oder Leserschaft die Frage stellen möchte:

Das ist ja alles schön und gut, aber was ist Raum?

Raum? Das gibt es nicht. Es gibt Raumzeit. Eine einzige Raumzeit. Es kann viele Massen geben, Raumzeit gibt es aber nur eine. Laut der speziellen Relativitätstheorie ist die Raumzeit nicht nur die Bühne der Vorgänge, sondern auch ein Teil davon. Das bedeutet also, dass die Materie in der Raumzeit nicht nur rumhängt, sondern eine Wirkung auf diese hat, was auf sie dann zurückwirkt. Raumzeit ist wählerisch, von den Materien hat nur die Masse eine Wirkung auf sie, das Licht zum Beispiel nicht. Das ist aber auch Materie! Was können wir machen, so ist die Raumzeit! Ist der Raum an sich auch so wählerisch, oder kommt seine Arroganz nur wegen der engen Beziehung zu der Zeit hervor? Nein-nein, der Raum wäre da ganz anders, als die Raumzeit.

Die Raumzeit deformiert sich wegen der Wirkung der Massen, wie Sie es früher, bei der Gravitation gesehen haben. Größere Massen haben größere Wirkungen auf die Raumzeit.

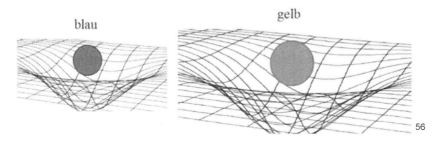

blau   gelb

56

Raumzeit ist also ‚etwas‘, was eine Gegenreaktion erzeugt, wenn es eine Reaktion erleidet. Nur die Masse kann darauf einwirken, das Licht nicht. Das ist seltsam, wenn wir bedenken, dass das Licht letztendlich Energie ist, was sich in Masse umwandeln kann.

---

56 © T. Lajtner, Lajtnermachine.com

Die Formel der Wirkung-Gegenwirkung mit erweiterten Gültigkeit schließt aus, dass die Raumzeit es ohne eine Reaktion lässt, dass es Materie in sich hat, unabhängig davon, in was für einer Form es da ist. Das erweiterte Gesetz der Wirkung-Gegenwirkung ist nur so viel: die Wirkung erzeugt eine Gegenwirkung. Es gibt keine Aktion ohne Reaktion. Die Gegenwirkung von Raumzeit wird selbstverständlich anders, wenn die Materie als Energie, und anders, wenn sie als Masse darauf einwirkt. Es wird aber eine Gegenwirkung geben. Sage ich. Laut der Physik habe das Licht keine Auswirkung auf den Raum, und der Raum habe darauf auch keine Reaktion.

Und die Zeit?

Zeit? Es gibt keine Zeit, es gibt Raumzeit. Es gibt nur eine einzige Raumzeit. Die Masse, die sich in der Raumzeit aufhält, hat Zeit, die Raumzeit hat keine. OK, so stimmt das auch nicht, weil nur die Masse, die sich in der Raumzeit aufhält Zeit hat, das Licht hat aber keine. Das wundert uns ja überhaupt nicht mehr. Wenn das Licht nicht auf die Raumzeit einwirkt, woher hätte es Zeit, nicht wahr?

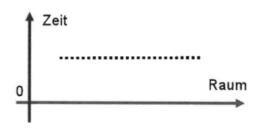

Das Licht rast anhand der gestrichelten Linie in der Raumzeit. Es rast so schnell, dass es nur im Raum voranschreitet (blau) und in der Zeit (rot) nicht. Laut der Relativitätstheorie hat das Licht deswegen keine Zeit.

Was erfahren wir aus dem oben Erwähnten? Viel. Es gibt Raumzeit, die Masse, und die Energie. Diese sind miteinander in einem besonderen Beziehungssystem. Die Beziehungen sind so verschieden, dass wir keine einzige gute Definition aus diesen zusammensetzen können, das heißt, dass wir aufgrund diesen nicht sagen können, was Raum, Zeit und Materie sind.

Was sollen wir tun? Sollen wir uns damit abfinden, dass es nicht möglich ist, diese zu definieren? Oder sollen wir lieber ein bisschen spielen? Ja? Glaube ich auch, wir sollten lieber etwas spielen!

Besorgen wir uns ein neues Papierrad, wenn wir das alte nicht mehr haben!

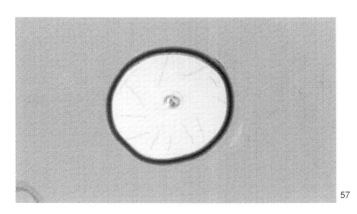

57

Eine bedenkliche wissenschaftsgeschichtliche Unvollständigkeit der Menschheit ist, dass der Großteil der Philosophen das Papierrad nicht gekannt hat. Die Physiker schauen auf dieses einfache Gerät sogar herab, vielleicht tun das auch die Philosophen. Doch ohne das Papierrad können wir niemals sagen, was Zeit und was Raum sind.

Wie kann uns das Papierrad helfen? Wenn wir genug geschickt sind, und es von unten her in der Mitte abstützen, wird das Papierrad von einem kleinen Lufthauch anfangen sich zu drehen. Wenn wir es mit der Hand stupsen, wird es sich auch drehen. Treten wir nun von dem Papierrad zurück! Jetzt kommt der Teil, den die ernsten Menschen sofort überspringen, ablehnen und verspotten. Zurücktreten und bewegen!

---

57 © *T. Lajtner, Lajtnermachine.com*

Was das bedeutet? Dass Sie zurücktreten sollen und so sollen Sie das Rad mit Gedanken drehen! Sie denken, dass sei ein Witz? Der Witz ist, dass sich das Papierrad tatsächlich durch die Kraft der Gedanken dreht. Ich sage es noch einmal. Das Papierrad wird mit der Kraft der Gedanken gedreht. Dass ist kein Scherz, dass ist Fakt!

Die Physiker warnen die allzu Naiven: Die elektromagnetische Kraft des Gehirns ist nicht dazu fähig, das Papierrad zu drehen, weil sie zu klein dafür ist. Das bekenne ich selber auch. Wir können keine solche große elektromagnetische Energie messen, die von dem Gehirn emittiert wird, und dazu fähig ist, das Rad zu drehen.

Die Physiker haben Recht, es gibt keine solche elektromagnetische Welle. Weil das keine elektromagnetische Welle ist. Die Kraft des Gedankens dreht das Rad nicht als eine elektromagnetische Welle. Die heutige Physik kennt vier grundlegende Kräfte (Grundkräfte). Die starke und schwache Kernkraft, die elektromagnetische Kraft und die Gravitation. Die ersten drei fallen aus, und die Gravitation ist vollkommen anders. Kurz gesagt, nicht einmal einen Physiker, der ein Anfänger ist, könnte man mit dem Trick des sich drehenden Rades übers Ohr hauen! Wahrhaftig nicht, weil das kein Trick ist. Die Kraft des Gedankens ist eine neue grundlegende Kraft (neue Grundkraft), was in den Schulbüchern von heute noch nicht zu finden ist. Wenn Sie ein Freund von Schulbüchern sind, existiert diese Kraft nicht. Das Papierrad ist ein Analphabet, es hat unsere Schulbücher nicht gelesen, es glaubt, dass die Kraft der Gedanken existiert, deswegen dreht es sich auch. Und das kann man sehen und auch messen. Stellen sie sich meine Qualen vor, als ich damit zuerst konfrontiert wurde. Ich sehe, dass es sich dreht, ich habe aber gelesen, dass es sich nicht drehen darf.

Ja, ich habe mich zwischen solchen Fragen hin und her gewälzt, als ich zum ersten Mal mit der Kraft der Gedanken das Papierrad gedreht habe. Dann habe ich mich entschieden. Ich glaube dem Papierrad. Das Rad dreht sich durch die Kraft der Gedanken.

Das war eine ernste Entscheidung und hat mir 20 – 22 Jahre Arbeit und kein Einkommen gebracht. Ich kenne wohl das ungarische

Sprichwort: „Es gibt kein Halten auf der schiefen Ebene". Und trotzdem ... An der schiefen Ebene hat mich eine Kleinigkeit losgeschickt. Ich war neugierig darauf, warum es auf der schiefen Ebene kein Halten gibt. Wegen der Beschleunigung. Zur Beschleunigung braucht man eine beschleunigende Kraft. Die beschleunigende Kraft funktioniert immer gleichermaßen. Und zwar so, wie das im zweiten Gesetz von Isaac Newton (1642 – 1727) beschrieben wurde.

Dieses Gesetz besagt das Folgende: Wenn das Papierrad steht, und es dann anfängt sich zu drehen, entsteht die Kraft der Beschleunigung. Die Beschleunigungskraft ist nicht launisch, sie entsteht nicht nur so in der Welt. Auch nicht, wenn es sich um das Papierrad und um die Kraft der Gedanken handelt. Die Beschleunigungskraft funktioniert im Falle der Kraft der Gedanken auch nach dem Gesetz von Newton. Wenn ich laut der Formel berechne, was für eine Kraft ich brauche, um das stehende Rad zum Drehen zu bringen, bekomme ich als Ergebnis eine kleine Summe. Diese Kraft ist aber in Wirklichkeit groß. Es übersteigt aber die elektromagnetische Kraft des Gedankens um Größenordnungen. Wenn dies 1 ist, dann brauchen wir zum Drehen des Rades 100.000.000 von dieser Kraft.

Wie groß ist der Unterschied? Sehr. Genau so groß: 1 Euro kontra 100 Million Euro.

58

---

[58] *Figur, © Gizgraphics, Fotolia.com; Geld Metal, CC0 OpenClipart-Vectors, Pixabay.com; Geld, CC0 geralt, Pixabay.com*

Wo ist diese Kraft von „100 Millionen", und was hat sie mit dem Raum zu tun?

Viel. Aus der Formel von Newton folgt, dass der Gedanke dann, und nur dann, die Drehung des Rades starten kann, wenn es den Raum und die Zeit verändert. Da sich das Rad dreht, wird der Gedanke Raum und Zeit verändern.

Ich schreibe es nochmal ab, damit Sie es nicht vergessen: Der Gedanke verändert Raum und Zeit.

Fantastisch wenn er ihn verändert, dann haben wir die Lösung schon. Wir nehmen die spezielle Theorie der Relativität, wir schauen uns an, welche Veränderung die Veränderungen der Raumzeit in der Schnelligkeit der Drehung des Papierrades vollbringt, und wir sind auch schon fertig. Wir können feststellen, dass der Gedanke so wie die Gravitation ist. Das ist eine hervorragende Feststellung, und zuerst war ich selber auch sehr zufrieden damit. Von hier ist es nur ein Schritt und ich werde sagen, was Raum, Zeit und Materie sind! Musste man darüber wirklich Jahrtausende lang nachdenken?

Siegestrunken habe ich ein neues Experiment angefangen, darin habe ich anstatt des Papierrades einen kleinen Ball benutzt. Wenn der Gedanke so funktioniert, wie die Gravitation, bin ich dazu fähig, den Ball mit Gedanken anzuziehen. Und voila! Wirklich! Die theoretische Zusammenfassung des praktischen Experiments: Der Gedanke beugt die Raumzeit genauso, wie die Gravitation der Massen. Großartig! Ich bin fertig, und ich brauchte keine fünf Minuten dafür!

Wenn ich schon einen Ball habe, habe ich versucht ihn mit der Kraft der Gedanken wegzuschieben. Und es funktionierte. Leider funktionierte es. Es funktionierte um Himmels willen! Ich fühlte, wie mir der Boden unter den Füßen weggezogen wurde. Der Triumph war vorbei! Die Gravitation zieht an, sie zieht an, und sie schiebt nie weg! Was wird jetzt mit der guten alten Raumzeit? Wenn die Anziehung eine Vertiefung in der Raumzeit ist, dann erzeugt das Wegschieben eine Vorwölbung. Der Gedanke ist dazu fähig die Raumzeit in beide Richtungen zu verändern. Das ist ein Problem!

Das ist ein Problem, weil wenn die Vertiefung die Masse symbolisiert, dann symbolisiert die Vorwölbung die negative Masse. So eine Masse gibt es auf der Erde nicht, so eine Masse kann der Gedanke auch nicht erzeugen. Warum bin ich bloß nicht beim Papierrad geblieben?

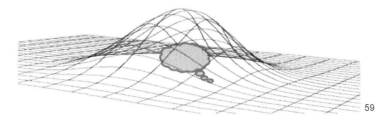

59

Raumzeit mit schwarz-weiß, der Gedanke mit grün markiert. Sehen Sie, was ich sehe? Das ist ein Hügel, kein Loch! Jetzt wissen Sie aber auch schon, dass es ...

von hier kein Zurück mehr gibt ...

Sie können sich meine Lage vorstellen! Als ich mich mit dem Papierrad und den winzigen Bällen an den Tisch gesetzt habe, war ich ein vernünftiger, ernster, gutverdienender Mensch. Und all das hat sich in einer Minute verändert. Obwohl ich nichts gemacht habe, ich saß nur da und ... auf einmal wölbte sich die Raumzeit hervor! Vielleicht fühlen Sie die Schwere von diesem Augenblick auch. Die Raumzeit wölbte sich vor!

[60]Ich habe versucht das Ganze mir selber schön zu reden, dass man es gar nicht so sehr sehen kann, da diese Raumzeit so groß ist, oder dass man es eigentlich mit einem Tuch abdecken könnte oder so. Aber letztendlich musste ich mir eingestehen, dass sich die Raumzeit hervorbeugt und dass man dies

---

59 © T. Lajtner, Lajtnermachine.com
60 CC0 3dman_eu, Pixabay.com

nicht verheimlichen kann. Und dafür werde ich verantwortlich gemacht!

Die Situation wurde weiter damit verschärft, dass ich gleich wusste, dass ich hier vor einer Sache stehe, die meinen Verstand verwirren möchte. Meine eigenen Gedanken widerlegen meinen unerschütterlichen Glauben: Mit den Augen kann man niemanden verfluchen, mit Handauflegen kann man nicht heilen, der Gedanke bewegt keine Gegenstände. Oder doch?

Ich war baff. Was tut ein müder Mensch in so einer Situation? Greift er zum Glas? Das Übel war aber größer als das. In dieser Situation kann man nur eins tun. Man stellt sich „die" Frage, genau „die", die man nicht dürfte ... Man dürfte nicht, man tut es aber doch. Ich bin auch ein Mensch, ich bin auch fehlbar. So habe ich mich gefragt:

Was ist Raum?

Als ich mir diese Frage gestellt habe war es schon zu spät! Auf der schiefen Ebene gibt es kein Halten mehr, so habe ich eine weitere Frage gestellt:

Was ist Zeit?

Erst später, als ich von dem ersten Schock zu mir gekommen bin, habe ich begriffen, was ich getan habe. Ich habe solange mit der Raumzeit herumhantiert bis sie zerbrach. In Raum und Zeit. Sie können jetzt glauben, dass ich damit zu der alten Ära der Physik zurückgekehrt bin. Es gibt Raum und Zeit. Nun habe ich dies in den Resten der zerfallenen Raumzeit nicht gefunden. Wie es sich herausstellte, ist die Wahrheit sehr viel komplizierter und doch wunderbar einfach, wenn ...

der Raum sich wellt

Wie schon gesagt, LIGO hat in 2015 angekündigt, dass es die Gravitationswelle bemessen hat. Es sind Gravitationswellen! Na, was Sie nicht sagen? Für mich war dies schon eine Binsenwahrheit, schon lange vor LIGO. Wie ich früher erwähnt habe, die Raumzeit-Berge und Raumzeit-Täler können sehr einfach mit Wellen abgelöst werden, wenn wir voraussetzen, dass der Raum sich wellt. Meiner Raum-Materie-Theorie nach, der Raum sich wellt.

In unseren ältren Physikbüchern hat sich der Raum nicht gewellt, nur in sehr speziellen Fällen, so ist meine Vorstellung auf taube Ohren gestoßen. Die Idee war eigentlich nur so viel, dass sich, wenn es um die Gravitation (die Vertiefung) geht, die Länge der Raumwellen verlängern sollte, und wenn das Gegenteil der Fall ist, sollten sie sich verkleinern.

Der Gedanke zieht an. Die Anziehung ist Gravitation, das bedeutet also, dass ihre Wellen sich ausdehnen und in der Raumzeit Vertiefungen entstehen.

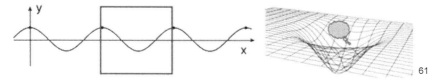

61

Der Gedanke schiebt den Ball an, die Wellen des Raumes gehen also zusammen, das würde in der Raumzeit also eine Hervorwölbung bedeuten.

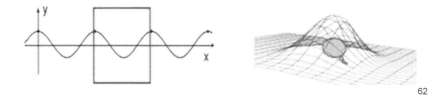

62

---

[61] © T. Lajtner, Lajtnermachine.com
[62] © T. Lajtner, Lajtnermachine.com

Das Modell, das auf den Veränderungen der Wellenlänge des Raumes basiert, funktioniert super. Sie beschreibt alle physikalischen Ereignisse der Wahrheit getreu. Was ist also Raum? Was also nicht Materie ist, dessen Wellenlänge sich auf die Auswirkung des Gedankens, wie oben bereits erwähnt, verändert. Wäre das die neue Definition von Raum? Nicht besonders exakt. Und dann haben wir ja auch noch die Zeit! Newton hat in die Beschreibung der Gravitationskraft mit der Gravitationskonstante die Zeit hineingeschmuggelt, und Einstein war auch nicht dazu fähig, dies im Wesentlichen irgendwie anders aufzugreifen. Und! Bei einzelnen Berechnungen der Relativitätstheorie kann der Faktor der Zeit sogar ausfallen. Bei dem Rad kann er es aber nicht machen! Oh weh! Und hier habe ich nicht einmal vermutet, dass wir diese Tafel auch an die Tür hängen sollten:

63

---

[63] *CC0 hurk, Piaxabay.com*

1.14. Die Zeitmaschine ist außer Betrieb!

Die Zeitreise ergreift die Fantasie vieler Menschen. Es wäre toll in die Vergangenheit zu reisen oder einen Ausflug in die Zukunft zu machen! Das ist aber nicht möglich, weil ich die Raumzeit zerlegt habe, und so kann man in der Zeit nicht rückwärtsgehen. Auch nicht vorwärts. Oder nirgendwohin. Zeit ist keine Dimension, Zeit ist die Ansammlung einer Wirkung und einer Gegenwirkung. Konkret kommt sie als das Ergebnis der Aufeinanderwirkung von Raum und Materie zustande. Zeit ist die Welle des Raumes.

Also es gibt keine Zeitmaschine. Es tut mir furchtbar Leid. Wirklich! Ich wollte sie nicht verschwinden lassen. Nun, wenn ich es gut überlege ... Ich kann ja etwas dafür anbieten.

Erst mal aber: Warum gibt es keine Zeitmaschine?

Es ist allseits bekannt, dass jedes Elementarteilchen der Materie vibriert, schwingt. Die Materie ist im Raum. Die Schwingung ist ihre Aktion. Die gegebene Reaktion des Raumes darauf ist, dass er sich wellt.

Jede Materie wellt, das bedeutet also, dass jede Materie Raumwellen erzeugt. Das ist auch zu erwarten, aber hier ist das erste Problem: Nur die Materie hat Zeit, Licht hat sie nicht, behauptet die Physik von heute. In dieser neuen Auffassung der Zeit ist das aber nicht wahr.

Hier hat alles Zeit, sogar der Raum. Was ist demnach die Zeit? Die Zeit ist die Welle des Raumes, was von der Materie im Raum erzeugt wird. Zeit entsteht immer, wenn Raum und Materie sich bestimmenderweise begegnen.

[64]

---

[64] *CCO LT von CCO 3dman_eu, Pixabay.com, Editiert*

Es können sehr viele Raumwellen existieren, aber wir benutzen nur eine bestimmte Raumwelle als Zeit. Unsere Zeit ist Raumwelle gemacht von Massen. Sie kann in einem zweidimensionalen Modell, zum Beispiel durch eine Cosinus-Funktion, charakterisiert werden.

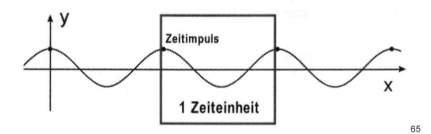

65

Y und X sind räumliche Entfernungen. Eine Zeiteinheit hat einen Zeitimpuls. Die Zeitwelle hat viele Zeiteinheiten. Eine Zeiteinheit ist das Viereck. Es kann wachsen und sinken.

Wenn es länger wird, vergeht die Zeit langsamer, weil die Zeitimpulse rarer sind. Tick.........Tick..........Tick.......... Unsere Uhr geht nach. Wenn es kürzer wird, vergeht die Zeit schneller. Tick...Tick...Tick... Unsere Uhr geht vor.

Die Zeit ist Raumwelle. Um das zu verdauen, braucht man schon einige Zeit! Sagen wir, es ist uns gelungen. (Vielleicht auch nicht, aber sagen wir es!)

Sind wir damit jetzt weiter? Ja, weil wir die Zeit auf die Welle des Raumes zurückführen konnten. Die Frage ist aber weiterhin offen, was ist Raum?

Die Raumwelle ist so, wie jede andere „beliebige" Welle. Sie hat Geschwindigkeit, Frequenz, Wellenlänge, Energie. Diese Begriffe sind normalerweise mit der Materie verbunden – andere Begriffe haben wir nicht.

---

65 © T. Lajtner, Lajtnermachine.com

Geschwindigkeit, Frequenz, Wellenlänge, Energie der Raumwellen? Ja. Das war meine Grundauffassung, als ich die einfachste Version der Raum-Materie-Theorie herausgearbeitet habe. In dieser habe ich die Charakteristika der Raumwelle berechnet, und somit konnte ich auch sagen, wie viel Energie der Raum hat. Weil die Materie ja Energie ist, kann man die Materie auch mit dem Raum ausdrücken.

Sie spüren es doch auch? Das ist doch schon etwas! Bisher hatten wir den Raum, die Zeit und die Materie, und jetzt ist alles mit Raum bzw. dessen Wellen beschreibbar. Was für ein wunderbares Ergebnis.

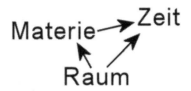

Fühlen Sie es nicht? Offensichtlich nicht, weil sie ja immer noch nicht wissen, was Raum ist. Gleich! Dazu brauchen wir nun kein bisschen zu rechnen. Wir können einfach die Wirkungen des RAUMes und der Materie in meiner Raum-Materie-Theorie vergleichen. RAUM hat die kleinste Wirkung. Was größere Wirkung hat, das ist Materie. (Wirkung (= action) ist so gut wie Energie.)

Studierend die Energiedichte des RAUMes, fällt uns das Sprichwort sofort ein: viele Wenig machen ein Viel. Außerordentlich viele winzige RAUMwirkungen machen eine mächtige Energiedichte des RAUMes. Die Energiedichte des RAUMes ist um Größenordnungen höher, als die Dichte der heute bekannten Materien, meiner Kalkulation nach. Wenn die Frage also ist: was ist RAUM? Dann ist die andere richtige Antwort: RAUM ist, wobei es kein Objekt mit einer größeren Energiedichte gibt. Materie ist etwas, dessen Energiedichte kleiner ist, als die Energiedichte des RAUMes.

Materie im RAUM oder Wasserblasen im Meer?

Jetzt haben wir schon drei neue Definitionen. Die Frage ist nur, warum zum Teufel wir Zeit neu definieren mussten, wenn die neue Definition keine Rolle spielt? Sie hat aber eine Rolle, wenn wir hier nämlich nicht weitergehen würden, würden wir nie verstehen: wie funktioniert der

TUNNEL EFFEKT

Bei der Vorstellung des Tunneleffekts habe ich die Beziehung von Teilchen und RAUM verschwiegen. Ich musste es machen. Damals

---

[66] *CC0 StockSnap, Pixabay.com*

haben Sie noch nicht gewusst, was RAUM ist. Also, wenn das Teilchen die Barriere verlässt, gewinnt es das für uns bekannte Aussehen und seine Schnelligkeit wieder zurück.

Was bedeutet das? Das bedeutet, dass „der" RAUM, als dichtestes Objekt für die Materie immer Raum bleibt. Gleichzeitig wenn die Energiedichte von zwei Materien voneinander entsprechend abweicht, kann die dichtere Materie für den anderen als Raum dienen. Dieser Raum könnte nicht als Raum funktionieren, wenn er keine Zeit liefern könnte. In diesem Raum wird die Zeit zur Raumwelle, was die ihn durchquerende Materie erzeugt. Obwohl das Objekt, das eine kleinere Energiedichte, als der RAUM hat, immer Materie ist, kann die einzelne Materie in Hinsicht anderer Materien als Raum dienen.

67

Apfel oder ein Schnellraum?

Erinnern wir uns, in Einsteins Raumzeit-Auffassung kann nur der RAUM Raum sein, und nur die Masse hat Zeit. In der Raum-Materie Auffassung gibt es sehr viele Räume und Zeiten, und in den einzelnen Räumen gibt es sogar verschiedene Zeiten. Das Modell der

---

[67] *CC0 Pexels, Pixabay.com*

Raumzeit ist nur ein Teil der in dem Raum-Materie Modell erscheinenden Räume und Zeiten.

Und noch ein Unterschied: Die Relativitätstheorie funktioniert unter der Lichtgeschwindigkeit, die Raum-Materie-Theorie funktioniert über und unter der Lichtgeschwindigkeit. Bitte, nicht mischen!

Gibt es einen Raum, der für uns immer nur Raum ist, und nie Materie?

- Ja. Diesen Raum nennen wir heute RAUM, und den habe ich in Großbuchstaben geschrieben. Die Energiedichte dieses Raumes ist das Dichteste, was wir kennen. Ihnen kommt jetzt sofort in den Sinn, was ist denn eigentlich, wenn unser RAUM aus der Hinsicht eines noch dichteren Raumes eigentlich Materie ist? Vieles, aber dann wiederum auch Garnichts. Weil ...
- Es auch andere Räume gibt, wie Sie sie oben bereits gesehen haben. Raum kann ein Objekt sein, was unserer Meinung nach und in Hinsicht von RAUM, Materie ist.
- Er hat aber größere Energiedichte, als das Objekt, was sich in diesem Raum als Materie verhält. Laut diesem Objekt ist dies ein „normaler" Raum.
- Was ist Materie? Dessen Energiedichte kleiner ist, als die Energiedichte des Raumes.
- Was ist Zeit? Die Wechselwirkung von Raum und Zeit, was sich als Welle des Raumes auswirkt.

Mit anderen Worten: Die Wellen des RAUMes benutzend können wir sagen, wieviel Kg eine Sekunde ist, oder wieviel Meter. Die Berechnungen kommen aus der (sehr) vereinfachten zweidimensionalen Version des Raum-Materie-Modells. Hier werden die Raumwellen mit einer zweidimensionalen Cosinus Funktion beschrieben. (Die Nummern dürfen sich verändern, wenn wir die Methode verfeinern.)

Wenn Sie die Nummern nicht interessieren, schauen Sie nur die Bilder an.

116

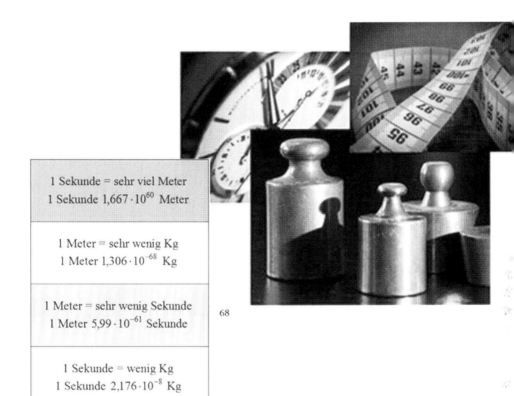

1 Sekunde = sehr viel Meter
1 Sekunde 1,667 · 10^{60} Meter
1 Meter = sehr wenig Kg
1 Meter 1,306 · 10^{-68} Kg
1 Meter = sehr wenig Sekunde
1 Meter 5,99 · 10^{-61} Sekunde
1 Sekunde = wenig Kg
1 Sekunde 2,176 · 10^{-8} Kg

68

Wer den Raum wechselt, der wechselt auch Energie

Der Raumwechsel kann einerseits Geschwindigkeitswechsel erzeugen, andererseits, den Wechsel der ‚Ruheenergie' (rest energy). Die Gesamtenergie der raumwechselnden Materie verändert sich nicht, sie stellt sich aber verschiedenerweise in verschiedenen Räumen vor. Zu einer kleineren Geschwindigkeit gehört größere „Ruheenergie", zu der größeren Geschwindigkeit gehört eine kleinere.

---

[68] *CC0 T. Lajtner von Uhr, CC0 SplitShire, Pixabay.com; Gewicht, CC0 SteenJepsen, Pixabay.com und Maßband, CC0 ThomasWolter, Pixabay. com; – alle Editiert*

Das Teilchen bleibt aber gleich, unabhängig davon ob wir es beobachten können oder nicht.

Wechselt die Gedankenkraft auch die Räume?

Die Frage ist falsch. Die Raum-Materie Theorie habe ich geschafft, weil es keine Theorie gab, die die Gedankenkraft hätte erklären können. Überraschenderweise kann die Raum-Materie Theorie viele, von der Gedankenkraft unabhängige Phänomene bahnbrechend erklären. Der Raumwechsel ist so ein Phänomen.

Ich bin der Meinung, die Gedankekraft ist die Modifikation der Wellenlängen des Raums (und der Zeit), fast so, wie die Gravitation. Raum- und Zeitwellenmodifikation. Kein Teilchen.

Gedankenkraft = Kommunikation ohne Teilchen.

Heutzutage scheint etwas Hilfe von der akademischen Physik zu kommen. Es sei möglich, Kommunikation ohne (messbare physikalische) Mareiteilchen oder Materiewellen zu schaffen. Es geht hier um die Geisterwirkung. Aber es ist längst nicht klar, was sollte „ohne physikalische Teilchen" bedeuten. Bedeutet es Raumwelle oder (unmessbare) Schnellwelle? Die Frage ist offen, oder besser gesagt, sie ist noch überhaupt nicht gestellt.
(Salih, H. et al. Protocol for Direct Counterfactual Quantum Communication Phys. Rev. Lett. 110, 170502 – 2013 und
Cao, Y. at al. Direct counterfactual communication via quantum Zeno effect http://www.pnas.org/content/114/19/4920.full.pdf.)

Apropos Geisterwirkung: wirkt sie so wie die Gedankenkraft, also als Raumwellen? Oder wirkt sie mit superschnellen Teilchen? Ich halte die Raumwellenlösung für wahrscheinlicher, aber in Modellen können wir auch mit Teilchen (Schnellwellen) rechnen.

Die Raum-Matter Theorie scheint zwei neue Phänomene gefunden zu haben:

- Kommunikation mit Raumwellen und
- Schnellwelle.

In verschiedenen Modellen können wir unsere Hinsichten ändern, um die Raumwellen mit den bekannten Teilchen einfacher vergleichen zu können.

69

[69] *CC0 Conmongt, Pixabay.com, Editiert*

1.15. Entschädigung für die ausfallende Zeitreise

Mit dem Raumwechsel kann man ziemlich schnell reisen. Nicht in der Zeit, sondern im Raum, dort aber in Sekunden ungeheuer weit weg. Nur wenn Sie die Konsequenzen ein bisschen bedenken, kommen Sie darauf, dass es auch vorstellbar ist, dass wir darüber keine Ahnung haben, wie groß das Universum tatsächlich ist. Die heute auf 91 Milliarden Lichtjahre geschätzte Größe zählt die Räume nicht hinein, wo die Geschwindigkeit des Lichts viel größer als c (Lichtgeschwindigkeit im Vakuum) sein kann. Wo könnte es solche Räume geben? Irgendwo. Genauer gesagt, überall.

Diese „raumwechselnde" Form des Reisens ist auch für uns Erdbewohner nützlich, besonders, wenn Sie Feinschmecker sind. Es würde möglich machen, dass Sie an einem Samstagnachmittag in die Galaxie Andromeda schnell rüberspringen, weil es dort den besseren Kaffee gibt.

70

Wenn Sie jemand sind, der sich gerne in Dinge vertieft, oder eben ein Philosoph, kann ich Sie auch nicht mit leeren Händen loslassen. Wie vergeht die Welt bloß? Tritt die für uns bekannte Materie in einen schnelleren Raum ein? Das kann möglich sein, weil der Mechanismus der Gravitation, und das Universum, dass sich immer

---

[70] CC0 LendBrand, http://www.lendbrand.com/2017/03/free-coffee-cup-logo-mockup/

mehr ausweitet dies möglich machen können und sollten. So vergeht die Welt nicht, sie verwandelt sich nur. Wenn diese Verwandlung jetzt gleich passieren würde, würden wir sie wohl wahrnehmen?

Und wie ist die Welt entstanden? Nein, nicht die ganze Welt, nur unsere materielle Welt. Ist die jetzige Form der Welt das Ergebnis eines Raumwechsels? Kann es sein, dass unser RAUM nur eine Barriere ist, eine Materie im dichten Raum? Wie viele Hindernisse gibt es in diesem dichteren Raum? Und wie viele dichtere Räume? Keine? Viele? Umgeben uns alle, oder keine von ihnen? Sieht die ganze Welt genauso wie eine Mozart-Kugel aus?

71

Sind Sie ein Ingenieur? Fabelhaft! Hier ist die Möglichkeit der Energieverstärkung, welche mit dem Raumwechsel zustande kommt. Das Universum ist viel komplexer, als wir es uns bisher vorgestellt haben. Energie existiert auch dort, in einer unbekannten Form, wo wir es bisher nicht mal geahnt haben. Und wir wissen, zwischen bekannter Materie und zurzeit verborgener Materie gibt es einen Durchgang. Was bedeutet das für uns? Energie umsonst? Würden Sie für mich ein Heizungssystem planen?

72

---

[71] © Mozartkugel.at, „free"
[72] © T. Lajtner, Lajtnermachine.com

Zu guter Letzt ist hier die sich auf die Kraft der Gedanken basierende Technologie, dessen kleinere Errungenschaften sie auch bald genießen können. Hier sind die Instrumente, die man mit Gedankenkraft bewegen und steuern kann.

Ich muss zugeben, das steht auch nicht in den Schulbüchern.

73

Ich nenne diese Sammlung: Lajtner Machine – Revolution 1.1.

Was ist eine Lajtner Maschine? Eine Maschine? Nein. Die Lajtner Maschine ist „irgendetwas", was man mit Gedanken bewegen kann. Alles, was mit Gedankenkraft bewegbar ist, nenne ich Lajtner Maschine. Die Lajtner Maschine bewegt sich nicht (oder nicht in die gewünschte Richtung), nur wenn die Gedanken sie bewegen. „Irgendetwas" ist ein Objekt, was die Gedanken bewegen können, kurz gesagt: Lajtner Objekt. Ein Papierrad kann ein Lajtner Objekt sein, eine Dampflokomotive wahrscheinlich nicht.

Das englische Wort „Revolution" hat zwei Bedeutungen: Rotation, Revolution. Die kleinen Lajtner Maschinen bringen eine Revolution in Ihre Weltanschauung durch ihre Rotationen.

---

73 © T. Lajtner, Lajtnermachine.com

„Wenn Sie denken, bewegen sie sich." Die Bewegung ist sehbar. Sie brauchen nichts zu glauben. Sie brauchen in keine Jogastellung zu gehen. Sie brauchen nichts, nur zu denken.

Wenn Sie es wollen, können Sie die Bewegung der Lajtner Maschine auf Video aufnehmen.

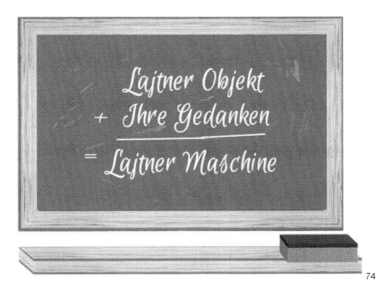

Lajtner Objekt
+ Ihre Gedanken
—————————
= Lajtner Maschine

74

Was kann die Gedankenkraft bewegen? Lajtner Objekte,

- die man mit bloßem Auge sehen kann. Ich habe solche Objekte in die Box gesteckt. Sie funktionieren mit Gedankenkraft.
- die man mit bloßem Auge nicht sehen kann, z. B. Elektronen in Halbleitern.
- die man mit bloßem Auge sehen kann und die leben. Mit Ihren Gedanken können Sie Leute, Tiere und andere Lebewesen manipulieren. Keine große Erwartung! Nur ein bisschen.
- die man mit bloßem Auge nicht sehen kann und die leben, z. B. Moleküle. Deshalb können Sie heilen – mit Gedanken und/oder mit Handauflegen.

---

[74] *Bild CC0 T. Lajtner, Lajtnermachne.com von CC0 maciej326, Pixabay.com, Editiert*

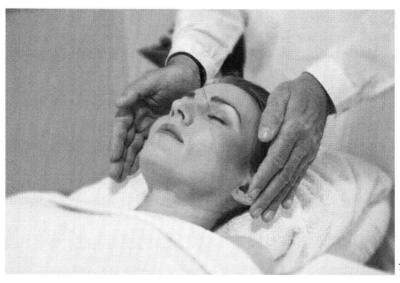

75

Anhand den Obenerwähnten scheint es so, dass man auch die menschlichen Emotionen mit Physik beschrieben kann. Kann man das wirklich? Ja.

Die Raum-Materie-Theorie ist die Physik der Gedanken und Liebe. Die Liebe ist der Edelstein der Theorie. Und noch dazu, sie ist die einzige Physiktheorie, die die Liebe mit physischen Mitteln beschrieben kann.

Ich halte diesen Teil für so wichtig, dass ich mich damit verabschiede. Wenn wir uns mal entscheiden müssen, tun wir es mit Liebe!

1.16. Die Physik der Liebe

Der berühmte Physiker Werner Heisenberg (1901 – 1976) war der Meinung, dass die Gefühle der Menschen mit den Mitteln der Physik beschrieben werden können, wenn die Wissenschaft so entwickelter wird. Er hatte Recht. In unserem Leben ist die Liebe die wichtigste Emotion. Und die Physik hat sie nie erforscht. Warum? Sind die Physiker herzlos? Ich denke es nicht, sondern eher, weil sie nicht die Raum-Materie-Theorie nutzen.

Wenn die Raumwellen die Zeit (als Zeitwellen) geben, dann können wir die Liebe gut beschreiben. Wir wissen es aus der Relativitätstheorie, dass die beschleunigten Uhren nachgehen. Die beschleunigten Massen nehmen zu. Und jetzt kann die Physik der Emotion kommen!*

Wenn Sie glücklich sind, scheint die Zeit zu fliegen. Kann die Physik der Raum-Materie dieses Gefühl erklären? Ja. Was bedeutet dies in der Terminologie der Physik? Die Zeit läuft langsamer für Sie. Die Uhr deutet darauf hin, dass ein ganzer Abend vergangen ist, obwohl es Ihnen wie wenige Minuten erscheint, gerade so, als ob Sie mit hoher Geschwindigkeit reisen. Wir wissen, dass Uhren die sich mit hoher Geschwindigkeit bewegen, langsamer laufen (Spezielle Relativitätstheorie). Wenn Sie fröhlich sind, dann fühlen Sie sich, als würden Sie fliegen.

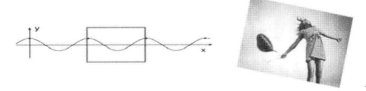

76

---

*Dieses Kapital stammt teilweise aus meinem Artikel: Dr. Tamás Lajtner: Die Physik der Gedanken und der Liebe" Raum&Zeit Nr. 204. November/Dezember 2016.

[76] Frau, CC0 TheVirtualDenise, Pixabay.com

Ein anderes Mal fühlt es sich an, als ob die Zeit sich mühsam dahinschleppt. Sie stehen eine ganze Stunde in einer Warteschlange und möchten am liebsten verrückt werden, obwohl nur fünf Minuten vergangen sind. Die Aktivität ist abstoßend, also Ihre Zeitwellen sind kürzer, Ihre innere Uhr läuft zu schnell, beschleunigt sich Ihre innere Uhr. Sie läuft zu schnell. Für Sie fühlt es sich an, als wäre eine ganze Stunde vergangen, auch wenn Ihre Armbanduhr nur fünf Minuten anzeigt.

 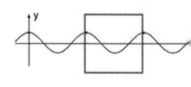

77

Wenn Sie verliebt sind, ist das andere Individuum attraktiv. Warum? Jemand zieht Sie wirklich an, und Sie fühlen sich, als würden Sie fliegen, was bedeutet, dass Ihre innere Uhr langsam läuft. Eine langsamere Uhr (als längere Raumwellen) erhöht die Gravitation. Was Sie also für das andere Individuum empfinden, ist tatsächlich eine Anziehung. Die Beiden ziehen sich wirklich an. In der Terminologie der Physik werden die Wellenlängen der räumlichen Wellen (die auch Wellenlängen zeitlicher Wellen sind) um Sie herum größer als anderswo im Raum. Die Energie der zeitlichen Wellen ist anders. Es ist wie bei der Gravitation, anziehend.

---

77 *Bild, CC0 T. Lajtner von Mann, CC0 JEShoots und Leute, CC0 aykapog, Pixabay.com, Editiert*

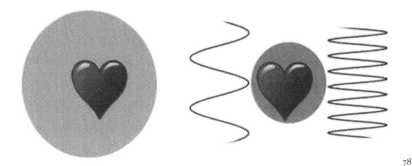

Die große SIE/der große ER ist anziehend.

Unser Sonnensystem kann ohne Gravitation nicht existieren. Kurzum:

1.17. Von Gedanken kann man nie genug haben

Der Herausgeber blätterte im Buch mit einem rätselhaften Gesicht.

„Der Titel ist gut."

„Und das Buch?" fragte ich mit einem weniger rätselhaften Gesicht.

„Ebenso. Bis hier."

„Wieso bis hier? Das Ende dieses Buches ist die Physik der Liebe."

„Das Ende des ersten Teils. Aber nicht das Ende des Buches. Dieses Buch ist noch nicht fertig. Es fehlt noch das Power Thinking, wie man Gegenstände mit Gedanken bewegen kann. Wie konzentriert man sich so, dass der Gedanke Kraft hat? Die Methode beschreiben!"

„Ich habe es mit Absicht ausgelassen, ich werde darüber in einem anderen Buch schreiben."

„Du solltest das lieber in dieses Buch einbeziehen."

„Oder auch nicht ..." sagte ich schnell.

„Vielleicht nicht ... Dann, sehen wir ... Wir brauchen noch etwas!"

„Was?" fragte ich.

„Gibt es einen Hund in diesem Buch? Nein. Es wäre auch kein Delfin gewesen, wenn ich es Dir nicht gesagt hätte! Dann... hmm... gibt es einen Schmetterling darin? Auch nicht. Und Fußball? Natürlich nicht. Wie kann man aus einem Buch den Fußball auslassen?

„Dieses Buch handelt um die Gedankenkraft ..."

„Und wo bleibt der Aufbau des Gehirnes, wir denken ja mit unserem Gehirn. Nirgendwo. Schau mal, hier haben wir diese riesige

Welt und du beendest das Buch nach, weiß ich nicht, wie vielen Seiten? Und die Galaxien? Das Rätsel der Ausdehnung des Universums?"

„Von den Galaxien habe ich etwas geschrieben ..."

„Scherzt du? Wo gibt es die Erklärung für das expandierende Universum? Und wo sind die Schwarzen Löcher? Nirgendwo. Und wo sind die Trailität aus deiner Raum-Materie-Theorie?"

„Sie ist zu kompliziert ..."

„Nichts ist zu kompliziert. Sag' es einfach! Und... hmmm... Okay, es stecken Storys drin, aber wir brauchen mehr! Warum, warum? Weil die Leser es mögen! Und die Worte der Leser sind so gut wie heilig. Apropos heilig. Es wäre gut, auch die Bibel zu erwähnen! Sagen wir, als Jesus durch Handauflegung heilt! Oder die Feigenbaumgeschichte. Oder beides! Die Buddhisten werden freilich reklamieren, also können wir auch Buddha nicht auslassen. Und – genau heute – den Islam natürlich nicht. Wir respektieren alle. Das ist unsere grundlegende Verlagspolitik. Apropos Politik, warum wurde sie ausgelassen? Und der Mensch, was bedeutet es, ein Mensch zu sein? Was ist das Leben? Ist das kein richtiges Rätsel? Doch, das Größte. Steht es in deinem Buch? Nein. Dann... Was ist das Bewusstsein? Was ist der Traum? Was ist schön? Dann... hmmm... schon gut...wenn du es damit ergänzen könntest, wäre es fertig. Vielleicht. Aber es könnte noch nötig sein ..."

„Das ist nicht mehr nötig!", sagte ich mit voller Überzeugung.

„Mal sehen... Wann kannst du den zweiten Teil schaffen?"

„Hmm ..."

„Beginne mit dem Fußball, den mögen alle!"

2. Buch

2.1. Gewinnen die Fußballfans das Match?

Können die auf der Tribüne sitzenden Schlachtenbummler das Fußballmatch gewinnen? Unsere Antwort kann nur „nein" sein. Sie sind nur Zuschauer und nicht Spieler.

Wie könnten sie das Match gewinnen? Sie können es nicht. Oder doch?

Im Sport und besonders im Fußball spricht man oft vom Heimvorteil und von den positiven Wirkungen der Heimspiele. Natürlich, denn die Fußballer kennen jede Einzelheit des Fußballplatzes gut, sie wissen, wann und woher die Sonne scheint, welche die dominierende Windrichtung ist. Viele kleine Geheimnisse helfen der Heimmannschaft beim Sieg. Und noch eine wichtige Sache: Auf dem eigenen Platz hat die Heimmannschaft mehr Fans als die Gegnermannschaft. Warum ist es wichtig? Helfen die Fans der Fußballmannschaft? Wie wir alle wissen, ja. Durch Zujubeln und Ermutigung. Die Fans schreien, klatschen, singen, pfeifen, trommeln.

80

_____

Und die Fans denken auch! Okay, es gibt Leute, die das bezweifeln, weil es oft nicht sichtbar ist, aber der Anschein kann täuschen, wie bekannt. Die Fans haben Gedanken. Diese Gedanken können die phantastische Stimmung bewirken, die auf einem guten Spiel oder einem riesigen Konzert herrscht. Das setzt sich auch auf einer Videoaufnahme durch, bitte sehen Sie sich z.B. eine AC/DC-Konzertaufnahme in einem argentinischen Stadion an! Eine andere Band ist ebenso gut. Nur die Gedanken der Masse, die Stimmung der Masse zählen. Und deren Effekte, die eine Auswirkung haben. Auf alle.

Also, der Fan sitzt oder steht da und denkt. Kann der Fan seiner Mannschaft auch durch Gedanken helfen? Kann er die Chancen der Mannschaft durch Gedanken verändern? Ja, wenn die Energie der Gedanken der Fans mindestens so groß ist wie die Energie, die von einem Schmetterling durch einen einzigen Flügelschlag erzeugt werden kann. Was sucht der Schmetterling hier? Von Edward Lorenz (1917 – 2008) wissen wir, dass ein einziger Flügelschlag eines einzigen Schmetterlings (in Brasilien) einen Tornado (in Texas) auslösen kann. Keinem Schmetterling kann es also ein Problem bedeuten, ein Fußballspiel zu beeinflussen. (Sind die brasilianischen Fußballer deshalb gut?)

Die Wissenschaft hinter dem Schmetterlingseffekt nennt man im Allgemeinen Chaostheorie und die wissenschaftliche Bezeichnung in der Physik lautet: Nichtlineares System. Das ist dadurch gekennzeichnet, dass selbst ein sehr kleiner Input einen riesigen, unerwarteten und unvorhersagbaren Output ergeben kann. Jeder Input hat Energie. Da der Schmetterling, wie allgemein bekannt, sehr schwach ist, soll die von ihm erzeugte Energie auch sehr niedrig sein. Wie groß ist denn nun diese „sehr niedrige" Energie?

Es gibt viele Schmetterlinge. Welchen sollen wir wählen? Egal. Jeder Schmetterling kann den Schmetterlingseffekt auslösen. Betts and Wootton beschrieben ausführlich die Bewegung von vier Schmetterlingen in einem Artikel in 1988.

Was wissen wir von ihnen über die Energien der Flügelschläge der Schmetterlinge? Genug. Die untere Abbildung zeigt die Energiewerte, die von den Schmetterlingen durch einen einzigen Flügelschlag erzeugt werden. Die Namen der beobachteten Schmetterlinge: Troides rhadamantus (TR), Papilio rumanzovia (PR), Graphium sarpedon (GS), Pachliopta hector (PH). Diese sind Schmetterlinge von durchschnittlicher Größe, zwischen 2 und 5 cm.

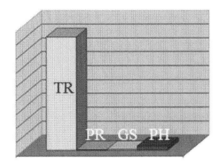 

Energie der Flügelschläge von Schmetterlingen

Die Energie eines einzigen Flügelschlags liegt in diesem Bereich:

$$E_{Schmetterling} = von\ 2{,}8 \times 10^{-7}\ bis\ 8{,}18 \times 10^{-5}\ \text{Joule.}$$

Ich sehe ein, der Durchschnittsmensch hat keine Ahnung, was Joule ist, und interessiert sich nicht dafür, welch große Energie von zehn hoch minus sieben schließlich bedeutet. Trotzdem haben wir hier eine leichte Aufgabe, weil wir wissen, dass es sich um Schmetterlinge handelt. Wie hoch kann diese Energie sein? Offenbar ziemlich klein. Aber es ist auch egal. Die Frage ist nur, wie hoch ist die Energie des Gedankens im Vergleich dazu. Kleiner? Größer? Oder

[81] *Diagram © LT, Lajtnermachine.com; Schmetterling, CC0 jill111,
Pixabay.com)
(Daten des Diagramms: Betts C R, Wootton R J, (1988) Wing shape and
flight behaviour in butterfies (Lepidoptera: Papilionoidea and Hesperioidea):
a preliminary analysis J. exp. Biol. 138, 271-288.)*

liegt sie im Bereich wie oben? Wie hoch ist die Energie des Gedankens?

Über die Kraft und Energie des Gedankens sprachen wir schon im Zusammenhang mit dem Bewegen des Papierrades durch Gedanken. Der genaue Wert war nicht interessant, da wir nur von Prinzipien sprachen. Jetzt haben wir aber unsere Kraft mit konkreten Gegnern zu vergleichen, und zwar mit Schmetterlingen,! Wenn die Gedankenkraft ein Papierrad dreht und die Rotation 50 Sekunden dauert, beträgt die Energie der Drehung

$$E_{Gedanken} = 1{,}62 \times 10^{-11} \text{ Joule.}$$

Nun, das ist ein sehr kleiner Wert, viel kleiner als der Flügelschlag der Schmetterlinge. Es sieht so aus, als müssen wir die Schmetterlinge um Hilfe bitten, um die Chancen unserer Fußballmannschaft zu verändern, die Energie des Gedankens scheint dazu wenig zu sein.

Oder nein? Nein!

Wenn z.B. 50.000 Fans der Heimmannschaft im Stadion sind, können 50.000 Leute in 50 Sekunden durch Gedanken insgesamt soviel Energie erzeugen, die größer ist als die Energie des Flügelschlags des kleinsten Schmetterlings. Das heißt, wir können behaupten, dass (brasilianische oder egal welche) Fans durch Gedanken einen Tornado – in Texas oder woanders – auslösen können.

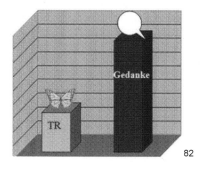

82

---

[82] *Bild CC0 T. Lajtner, Lajtnermachine.com; Schmetterling CC0 Open-Clipart-Vectors, Pixabay.com, Editiert*

Die Energie des Gedankens (in 50 Sekunden) ist größer als die Energie des kleinsten Schmetterlingsflügelschlags. Die Abbildung beweist, dass sowohl die Flügelschläge der Schmetterlinge als auch die Gedanken der Fans in der Lage sind, das Spiel zu beeinflussen. Die Fans können z.b. versuchen, den fliegenden Ball durch Gedanken zu steuern.

Die Kraft des Gedankens wird auf den Ball tatsächlich einwirken, aber sie ist so klein, dass sie unbemerkt bleibt und der Mannschaft nicht hilft, Tore zu schießen. Auf diese Weise können die Fans den Pokal für die Mannschaft nicht gewinnen. Die Fußballer haben nach wie vor zu spielen.

83

Andererseits können die Fans die mentale Umgebung der Fußballer verändern –, nur durch reine Gedankenkraft. Die Fußballer bekommen von den Fans richtige, messbare Energie, eingepackt in Gedanken. Diese Energiesendung ist unbewusst und der Empfang der Energie auch. Aber die Energie des Gedankens ist Realität. Es handelt sich um eine messbare Energie. Richtige Energie, die der Spieler, natürlich unbewusst, in mentale oder physikalische Energie

---

umwandelt. Der größte Vorteil der Heimspiele besteht in dieser realen, messbaren Energiesendung des Heimpublikums durch Gedanken.

Stellen wir die Frage ganz konkret:

Können die Fans das Spiel gewinnen, während sie auf der Tribüne sitzen? Die Antwort lautet eindeutig ja.

Und nun, wer verliert dann das Spiel?

Die Schmetterlinge.

84

[84] CC0 T. Lajtner von Schmetterlinge, CC0 abdulmominyottabd, Pixabay.com und Ball, CC0 OpenClipart-Vectors, Pixabay.com

2.2. Kugeln, Karten, Telepathie und ... Statistik

Ich selbst, wie Ökonomen im Allgemeinen, wende oft statistische Methoden an. Ich würde sagen, ich kenne sie ziemlich gut. Ich musste vor kurzem meinen alten Kollegen Endre über die Hauptpunkte eines statistischen Verfahrens fragen. Ich gebe zu, ich habe es vergessen und ich hatte keine Energie, die mathematischen Grundlagen zu studieren. Es war nicht nötig, Endre empfahl mir in zwei Minuten zwei Methoden für mein Problem. In der Praxis fand ich schließlich eine dritte Methode am besten, aber man konnte es im Voraus nicht wissen.

Ich kenne Endre von der Corvinus-Universität Budapest, wo ich nach dem Abschluss meines Studiums einige Jahre mathematische Statistik unterrichtete. Die Studenten mochten dieses Fach nicht besonders, denn es musste erlernt werden und der Lehrstuhl stellte ziemlich strenge Anforderungen. Meiner Meinung nach kommen die Studenten nur nach dem Abschluss ihres Studiums darauf, dass die Ökonomie im Wesentlichen nur aus Buchhaltung und Statistik besteht, gewürzt mit etwas Klügelei. Statistik ist überall vorhanden. Statistiken werden vom Krankenhaus, der Bank, der Regierung, dem Unternehmer, dem Marktforscher, dem Journalisten, dem Kneipenwirt, dem Physiker und dem Broker erstellt. Die Statistik zog mit dem Internet auch in den Cyberraum ein. Wie viele Besucher hatte eine Website, wie viel Zeit verbrachten sie auf der Site, woher kamen sie, wohin gingen sie usw. Wo es eine menschliche Aktivität gibt, entstehen früher oder später Statistiken. Es ist dadurch möglich, dass die statistischen Methoden ein tiefliegendes Prinzip haben. Unabhängig davon, wer das jeweilige statistische Verfahren verwendet, ist das Verfahren totlangweilig, weil es immer das gleiche ist. Die Gleichförmigkeit ist das tiefe Prinzip, die Langeweile ist die Folge. Diese Langeweile ist das Gegenteil der Ergebnisse der Statistik. Diese sind interessant, denn sie fassen die aus den Daten erhaltene Information kurz zusammen. Aus solchen Angaben kann man korrekte statistische Verarbeitungen erstellen, bei denen die Vorgänge durch mathematische Gesetze beschrieben werden.

Die mathematisch-statistische Wahrscheinlichkeit als Ordnungsprinzip funktioniert dort auch, wo es keinen Menschen gibt. Die Quantenmechanik, die Erfolgsphysik unserer Tage, beruht auf statistischen Grundlagen.

Sie mögen sich aus Ihren Schuljahren daran erinnern, dass Blaise Pascal (1623 – 1662) der Erste war, der die Geometrie der Wahrscheinlichkeitsberechnung durch ein Dreieck aus Zahlen darstellte. (Wenn Sie sich nicht erinnern, war er es trotzdem.)

Sir Francis Galton (1822 – 1911) baute das theoretische Pascal-Dreieck in der Wirklichkeit. Er nahm ein Brett und schlug einige Nägel ein, so fertigte er das Galton-Brett. Wodurch unterscheidet sich dieses Brett von den anderen? Durch die Anordnung der Nägel. Es sieht so aus.

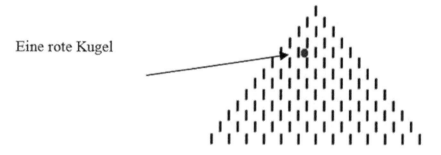

Eine rote Kugel

Die schwarzen Striche (I) geben die Nägel an. Die Nägel sind in parallelen waagerechten Reihen angeordnet, wie das Bild zeigt. Der Abstand zwischen den Nägeln ist in jeder Reihe gleich, wie auch der Abstand zwischen den Reihen.

Wenn ein solches Brett nicht waagerecht gehalten wird, sondern ein bisschen geneigt oder aufgestellt, erhalten wir eine Spielbahn, wo Kugeln von der Spitze der Nagelpyramide nach unten rollen können. Wenn der untere Teil mit Fächern ergänzt wird, treffen wir zwei

Fliegen it einen Schlag. Einerseits rollen die Kugeln nicht nach allen Richtungen, andererseits können wir sehen, wohin die Kugeln fallen.

Die Kugeln, während sie auf die Nägel stoßen, rollen zufallsartig nach rechts oder links. Egal in welche Richtung die Kugel rollte, wird sie erneut auf einen Nagel stoßen. Da wird sie wiederum zufallsartig rechts oder links ausweichen. Es wiederholt sich, bis sie in einem Fach unten ankommt. Jede Kugel kommt in ein Fach unter dem Brett. Wenn die Kugeln gleichförmig sind, wird die Verteilung der Kugeln in den Fächern den Gesetzen des Zufalls entsprechen und wird ungefähr folgendes Muster aufzeigen.

Theoretische Normalverteilung

Dieses Muster ist den Mathematikern gut bekannt, das ist das zufällige Verteilungsmuster. Zufällige Verteilung? Was bedeutet das? Im Klartext heißt es, wenn es jemandem gut geht, wird es ihm immer besser gehen, und wenn es einem schlecht geht, wird es ihm immer schlechter gehen. Das ist leider allgemeinbekannt, es genügt, den rätselhaften Satz aus der Bibel zu zitieren: „Denn wer hat, dem wird gegeben; wer aber nicht hat, dem wird auch noch weggenommen, was er hat." (Markus 4:25. Neue evangelistische Übersetzung)

Eine mathematische Form dieses Satzes ist die obige grüne Abbildung. Diese Abbildung nennen die Mathematiker Normalverteilung. Normal? Schon möglich, aber sehr ungerecht!

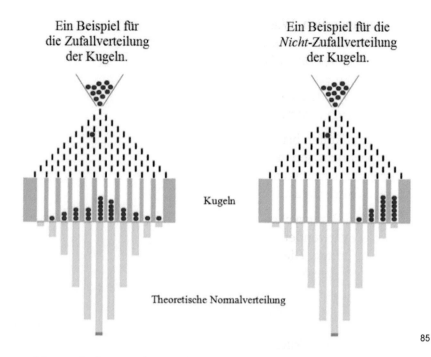

Ein Beispiel für
die Zufallverteilung
der Kugeln.

Ein Beispiel für die
Nicht-Zufallverteilung
der Kugeln.

Kugeln

Theoretische Normalverteilung

85

Die einfache Funktion des Galton-Bretts bietet eine gute Methode an, um zu entscheiden, ob sich eine Kraft während des Rollens auf die Kugeln auswirkte. Die Schwerkraft sicher, daher rollen sie runter. Wenn auch etwas anderes außer der Gravitation wirkte, fallen die Kugeln von der Normalverteilung abweichend in die Fächer.

Was kann man damit anfangen? Darauf kann eine Wissenschaft gebaut werden. Ihre Name: Parapsychologie. Wie arbeiten die Parapsychologen mit dem Galton-Brett? Die Idee ist einfach. Man soll einen Mann vor das Brett setzen und ihn aufrufen, daran zu denken, dass die Kugeln „absichtlich" nach rechts rollen. Dann bei einem folgenden Rollen nach links. Sollten die Kugeln tatsächlich nach rechts oder links rollen, verändert sich die Verteilung der Kugeln in den Fächern und das Muster entspricht nicht der normalen Verteilung. In diesem Fall beeinflusste etwas die Bewegung der Kugeln außer

---

85 © *T. Lajtner, Lajtnermachine.com*

dem Zufall sicherlich. Was? Zum Beispiel ein leistungsstarker Ventilator. Und wenn es keinen Ventilator gibt? Dann der Gedanke. Ist
der Gedanke dazu fähig? Nun, ehrlich gesagt, das ist nicht der beste
Versuch, um zu entscheiden, ob der Gedanke Kraft besitzt. Ich weiß
nicht, ob ich schon erwähnte, wenn wir ein Papierrad hätten ... Ach
so, dass sagte ich schon!

Kugeln ins Rollen bringen, ist das die Parapsychologie? Nein, das
ist ein Experiment von vielen. Die Experimente der Parapsychologie
sind meistens so einfach. Deswegen erlebt sie viele Angriffe. Die
Meinungen sind extrem.

Der Begriff Parapsychologie wurde zuerst vom Philosophen Max
Dessoir 1889 verwendet, dann von einem anderen Philosophen na-
mens Emile Boirac. Die Bezeichnung verbreitete sich nach der Tätigkeit von William McDougall (1871 – 1938) und Joseph Banks Rhine
(1895 – 1980), die auf dem amerikanischen Kontinent arbeiteten. Sie
waren die ersten Parapsychologen, die Erscheinungen, die nicht
durch die gewöhnlichen Kanäle der menschlichen Kommunikation
erfolgen, wissenschaftlich behandelten.

Das Wort Parapsychologie bedeutete ursprünglich „psychologi-
sche Forschung unter speziellen laboratorischen Umständen". Der
Zweck der Parapsychologie besteht in der Untersuchung der Wechselwirkungen und Kommunikationen zwischen Lebewesen und ihrer Umwelt. Kommunikationen und Wechselwirkungen werden untersucht, die durch bekannte Methoden der Kontakthaltung nicht
zu erklären sind, und sie lassen sich durch Wahrnehmung mit Sinnesorganen ebenfalls auch nicht erklären. Im Arsenal der Parapsychologie nimmt die mathematische Statistik einen vornehmen Platz
ein.

Erscheinungen der Psyche, Psi-Phänomene, werden grundsätzlich dadurch gekennzeichnet, dass sie von der untersuchten Person
abhängig sind, deshalb ist es sehr schwer, die Prozesse statistisch zu
erfassen. Es erfolgt aus einem wichtigen Faktor. Wir können die Versuchsperson darum bitten, daran oder daran zu denken, wissen aber
in Wirklichkeit nicht, woran er denkt. Diese „Wissenslücke" lässt

sich bei bestimmten Versuchen ausfiltern, z.B. die Versuchsperson weiß nicht, was der tatsächliche Zweck des Experiments ist. In der Psychologie kommen solche Versuche häufig vor, damit absichtliche Raffinessen aus der Untersuchung ausgeschlossen werden.

Es gibt bei bestimmten Erscheinungen keine Möglichkeit dafür, dass der Zweck des Versuchs vor der Versuchsperson geheim gehalten wird. Dabei können wir den obigen Faktor nicht einmal dadurch ausschließen, dass der Teilnehmer schwört, während jedes Experiments genau das gleiche gedacht zu haben, wir bekamen trotzdem ein anderes Ergebnis. Wir erfahren nie, ob er die Wahrheit sagte. Das System der statistisch und mathematisch auswertbaren Verteilungen und Hypothesen bedeutet die einzige Bezugsgrundlage. Aufgrund obiger gibt es ein eingebautes Hindernis in der Parapsychologie, dessen Existenz nicht außer Acht gelassen werden kann.

Zudem entdeckte Gertrude Schmeidler (1913 – 2009) bei den Psi-Erscheinungen einen grundlegenden Zusammenhang. Sie nannte ihn aus unverständlicher Weise (oder aus biblischer Motivation) Schaf- und Ziegeneffekt (sheep and goat). Personen der Schafnatur glauben an die Kraft und Auswirkung von Psi, während Personen der Ziegennatur nicht daran glauben. Deswegen produzieren Schafe wesentlich bessere Versuchsergebnisse als Ziegen, denn sie glauben, dass sie dazu fähig sind. Das ist eine wichtige und grundlegende Regel im Reich von Psi, die fachliche Bezeichnung lautet Psi-Fehler. Weniger fachlicher, aber viel deutlicher, hat es der Automobilhersteller Henry Ford (1863 – 1947) gesagt: „Ob du glaubst, du kannst es oder ob du glaubst, du kannst es nicht: in beiden Fällen wirst du recht haben." („Whether you think you can, or you think you can't—you're right.").

Der Schriftsteller Somerset Maugham (1874 – 1965) sieht diese Sache von der positiven Seite: „Das Leben ist komisch. Wenn man sich weigert, irgendetwas anderes außer dem Besten zu akzeptieren, dann bekommt man es sehr oft". („It's a funny thing about life; if you refuse to accept anything but the best, you very often get it.")

Während wir die Bemerkungen von Ford und Maugham brilliant geistvoll finden, betrachten wir das Grundprinzip, das von den Parapsychologen in Versuchen nachgewiesen und mit Messungen unterstützt wurde, als eine einfache Evidenz oder als Erklärung für den ausbleibenden Erfolg, als Selbstverteidigung. „Es wird erklärt, warum der Versuch nicht gut gelungen ist."

Es ist aber eine wichtige Regel, es ist besser, wenn wir den Parapsychologen und Henry Ford Glauben schenken. Wer schon Tischtennis oder Tennis spielte, weiß, dass wenn dir ein einziger Punkt zum Sieg fehlt und du nicht glaubst, dass du gewinnen kannst, dann wirst du verlieren. Selbst dann wirst du verlieren, wenn du den Sieg sehr willst. Das könnte durch einige einfache parapsychologische Experimente auch nachgewiesen werden.

86

Die Parapsychologie analysiert nicht nur statistische Daten. Es gibt Erscheinungen, zu deren Forschung keine Statistik erforderlich ist.

---

86 CC0 robyoo59, Pixabay.com

Gegenstand der Parapsychologie

Der Gegenstand der Parapsychologie lässt sich nach heutigem Stand in zwei größere Begriffsgruppen einteilen. ESP und PK. Die Parapsychologen mögen Abkürzungen, ESP bedeutet Außersinnliche Wahrnehmung. Dazu gehört z.b. der geheime Effekt, den wir bei der Gesichtserkennung kennen. PK bedeutet, welchen Einfluss der menschliche Gedanke auf die Umwelt hat, auf diese Weise kann man z.b. auf die Bälle des Galton-Bretts oder auf das Papierrad wirken.

ESP (Extra Sensory Perception) Außersinnliche Wahrnehmung	PK (Psychokinese)	Auseinandertrennen von Körper und Geist
Telepathie	Makro-PK	Nahtoderfahrungen
Clairvoyance (Hellsehen)	Mikro-PK	OBEs (Out-of-Body Experiences – Ausserkörperliche Erfahrungen)
Präkognition (Vorausahnungen)	Physikalische Systeme beeinflussende PK	Reinkarnation (Wiedergeburt des Geistes)
Retrokognition (Zurücksehen)	Biologische Systeme beeinflussende PK	usw.

Von den obigen Kategorien werde ich nur einige vorstellen, wissen Sie, das ist ein kurzes Buch.

Was ist Telepathie?

Telepathie setzt sich aus den griechischen Wörtern „tele" (Entfernung) und „patheia" (betroffen, wirken) zusammen. Der Begriff wurde 1882 von Fredric W. H. Myers eingeleitet.

Die Telepathie ist ein Verfahren, mit der man ohne Worte an eine andere Person Information weitergeben kann, grundsätzlich unabhängig von der Entfernung.

Wenn wir die Geschichten von Betrügern und Zauberern auslassen, finden wir uns im Jahre 1884. Charles Robert Richet (1850 - 1935), der 1913 auch den Nobelpreis für Forschungen anderer Art erhielt, begann mit telepathischen Untersuchungen. Die Telepathie bewegte also auch die Fantasie von Wissenschaftlern, nicht nur die von Medien.

1927 wurde an der Duke-Universität in den Vereinigten Staaten das erste ausschließlich auf Telepathie spezialisierte Institut gegründet. Die Namen der beiden Leiter sind uns schon bekannt, sie sind das Doppel, das die Bezeichnung Parapsychologie einbürgerten. McDougall und Rhine. Rhine leitete bis 1963 das Institut. Er führte Versuche mit Karten durch, er setzte die so genannten Zenerkarten ein.

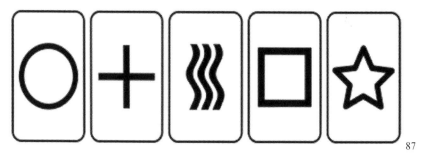
87

Zenerkarten von Karl Zener (1903 – 1964).

---

87 *Public Domain, Wikipedia, https://en.wikipedia.org/wiki/Extrasensory_perception*

In einem Paket sind 25 Karten, aus jedem Muster je 5. (Unter uns gesagt, verursachten gerade diese Karten die Verbannung der Parapsychologie. Sie führt uns in die Welt der Zauberer, weil damit die Gedankenkraft kaum oder gar nicht nachgewiesen werden kann.)

Bei Kartenexperimenten versucht man das Funktionieren der Telepathie dadurch nachzuweisen, dass eine Person (Sender) ein Blatt nach dem anderen aus dem Kartenstapel zieht und sich das Blatt ansieht, damit das Bild in seinem Gehirn erscheint. Ein modernes EEG könnte es vielleicht ablesen.

Wenn es Telepathie gibt, wird dieses Symbol auf eine bis heute unbekannte Weise an die andere Person (Empfänger) übertragen. Der Empfänger sieht weder das Blatt noch den Sender, denn er sitzt beispielsweise in einem anderen Gebäude. Der Empfänger versucht nach seinen Intuitionen zu erraten, was der Sender sieht.

Heute gibt es schon die moderne, wissenschaftliche und natürlich Online-Variante der Telepathie, keine Intuition, reine Technologie. Name: Gehirn-Gehirn-Interface. Ich wusste, dass auch Sie jetzt daran dachten! Es gibt doch die Telepathie!

Auch andere Versuche sind bekannt, sie beruhen auf statistischen Methoden. Einer der berühmtesten Versuche aus den vergangenen Jahren ist das PEAR-Programm. Dies erfolgte an der Princeton Universität (USA), wo die „Macht des Geistes" (power of mind) untersucht wurde. Die Methode erforschte, ob man einen elektronischen Zufallszahlengenerator durch Gedankenkraft dazu bringen kann, Zahlenfolgen von der Normalverteilung abweichend zu produzieren. Der Versuch arbeitete auf statistischen Grundlagen und obwohl die Telepathie geringfügig nachgewiesen wurde, war das Ergebnis nicht durchschlagend.

Wahrsagen, Zurücksehen?

Präkognition heißt, zukünftige Ereignisse vor dem Ereignis wahrzunehmen. Präkognition ist eine seltsame Sache, weil die Zukunft für die Menschen teils eine äußere Gegebenheit ist. Morgen wird es schneien. Wir können dagegen nichts tun. In anderen Fällen liegt die Zukunft teilweise an uns. Morgen kann ich auf der Party András treffen, denn ich weiß, dass er anwesend sein wird. Ich bin wütend auf András wegen der Rad-Storie, ich gehe lieber nicht zur Party! Dieser Teil der Zukunft hängt von meiner Entscheidung ab. Aber nur in dem Fall, wenn ich weiß, dass auch András kommen wird. Wenn ich es nicht weiß, dann gehe ich zur Party und ich treffe András.

Die Präkognition resultiert aus einer Situation zwischen den beiden Zuständen.

Wenn mir eine innere Stimme vor der Party flüstert, András kommt zur Party, dann kann ich entscheiden, dass ich gehe, denn meiner Meinung nach wird András doch nicht kommen. Wenn er kommt, treffen wir uns wirklich, die Stimme hatte Recht. Wenn ich nicht gehe, treffen wir uns nicht, obwohl András da war. Die Stimme irrte sich. Sie hätte sich nicht geirrt, wenn sie nichts gesagt hätte, aber sie sagte es mir, so irrte sie sich. Dieses Phänomen ist als Eingriffsparadoxon bekannt.

88

Das Paradoxon ist kein richtiges Paradoxon, weil die Präkognition, wie in unserem Beispiel, eine Möglichkeit ist, wie die Zukunft geschehen kann. In der Tat kann es so oder so geschehen. Ich gehe oder ich gehe nicht. Wenn nicht, treffe ich András 100 %-ig sicher

---

88 CC0 OpenClipart-Vectors, Pixabay.com

nicht, so kommt das Ereignis nicht zustande, was Grundlage der Präkognition ist.

Wodurch wird die Präkognition hervorgerufen? Durch die Möglichkeit des Ereignisses. Kann man demnach eine bestimmte Wahrscheinlichkeit des Eintrittes des Ereignisses durch Präkognition wahrnehmen? Wenn es so ist, müssen wir feststellen, kann unsere Voraussicht nie 100%-ig sicher sein, die vorgestellte Zukunft geschieht immer nur mit irgendeiner Wahrscheinlichkeit. Nun, das ist wirklich keine große Entdeckung, das wissen wir ja alle.

Aber wir überlegen im Allgemeinen nicht, dass das Zurücksehen (Retrokognition) aufgrund des obigen kein Gegensatz der Präkognition ist. Die Vergangenheit ist immer gegeben. Die Mehrheit denkt, dass es nur eine Vergangenheit gibt, die Vergangenheit hat keine Wahrscheinlichkeiten. Wenn ich auf der Party anwesend war, ist es 100 %-ig sicher, dass ich da war. Die Erkenntnis der Vergangenheit basiert auf keinen Wahrscheinlichkeitsgrundlagen wie die Erkenntnis über die Zukunft. Die Wahrscheinlichkeit der Vergangenheit beträgt 100%.

Die Ereignisse der Vergangenheit und der Zukunft scheinen Elemente von zwei völlig unterschiedlichen Mengen zu sein. Man kann in die ferne Vergangenheit nicht so zurückgehen, dass von dort gesehen Ereignisse der nahen Vergangenheit nicht als Zukunft aussehen. Die Zukunft ist eine Menge von Wahrscheinlichkeiten, d.h. jedes Ereignis der Zukunft hat eine kleinere Wahrscheinlichkeit als 100 %. Aus der Vorvergangenheit betrachtet, haben Ereignisse der nahen Vergangenheit eine kleinere Wahrscheinlichkeit als 100 %. Da diese Vergangenheit schon geschah, haben alle Ereignisse der Vergangenheit eine Wahrscheinlichkeit von 100 %. Selbige Sache hat entweder eine Wahrscheinlichkeit von 100 % oder niedriger, beide sind gleichzeitig nicht möglich. So, ist eine Zeitreise nicht möglich? Sie scheint nicht möglich zu sein, die Raum-Materie-Theorie hat Recht: „Zeitreise ist abgesagt."

Mikro- und Makro-Psychokinese (PK)

In den folgenden Zeilen der Tabelle erreichen wir die beiden Gebiete der Psychokinese (PK). Der Einfluss der Mikro-PK kann ebenso nur mit statistischen Verfahren nachgewiesen werden. Damit habe ich wohl schon verraten, dass der Gedanke schon wieder Vorgänge des Zufalls verändert.

Als Makro-PK bezeichnet man Erscheinungen, wenn Veränderungen in Objekten augenscheinlich sind, d.h. kein statistisches Verfahren ist zur Auswertung erforderlich.

Der Gegenstand kommt in Bewegung und verändert sich ohne Einsatz der bekannten physikalischen Kräfte. Auch die Rotation des Rades zählt dazu.

Die Makro-PK ist, abweichend von den früheren Phänomenen, durch physikalische Kategorien zu kennzeichnen, sie ist eine messbare Erscheinung. Kraft, Energie, Leistung sind alle erfassbare physikalische Manifestationen. Wenn ein Rad z.B. 500 Milligramm wiegt und pro Minute eine Umdrehung macht, wie viel Energie wird benötigt? Man kann diese Frage in einigen Minuten mittels Kenntnisse aus der Mittelschule beantworten. (Solange man zur Mittelschule geht.)

89

---

[89] *Bild, CC0 T. Lajtner, Lajtnermachine.com von Frau CC0 Engin_Akyurt, Pixabay.com und Tafel, CC0 geralt, Pixabay.com*

2.3. Angewandte Telepathie in der Praxis

Diese Telepathie geschah mit mir nur einmal, so man kann sie statistisch nicht auswerten. Es wäre auch ganz unnötig. Sie war absolut erfolgreich.

Meine Mutter war leider oft krank, als sie älter wurde. Ich musste sie mehrmals zum Arzt fahren. Diese Story ereignete sich bei einer solchen Gelegenheit. Wir hatten einen herrlichen Sommer. Wir kamen etwas früher als geplant bei der Praxis an. Die Arztpraxis befand sich in einer ruhigen Umgebung mit Familienhäusern. Im Sommer war alles grün, schöne Bäume, aber trotz der Bäume gab es am frühen Nachmittag kaum Schatten! Wir waren zu früh. Wir wollten nicht hineingehen, so suchte ich einen Parkplatz, wo es Schatten gab. Schattige Plätze sind aber meistens besetzt, das kann jeder bestätigen, der schon einmal einen schattigen Parkplatz in der prallen Sonne suchte.

Die Sonne prallte, ich konnte die Klimaanlage wegen meiner Mutter nicht einschalten. Wir brauchten Schatten! In der kleinen Strasse gab es nur einen schattigen Parkplatz. Wie es sich herausstellte, war der Platz nicht zufällig leer, hinter dem Zaun bellte ein riesiger (und ziemlich blutgieriger) Hund. Ständig. Der Zaun war ziemlich wacklig, der Hund hätte jederzeit herausspringen können. Verrückte Hitze, und nur hier Schatten. Ich hielt an und ließ die Fenster herunter.

Ich sah an meiner Mutter, dass sie die Hitze schwer ertrug und auch vom Bellen des Hundes sehr gestört war. Es störte mich auch, aber es gab keinen schattigen Parkplatz mehr, ich suchte umsonst danach. Als ich die Fenster wegen des Hundes schloss, wurde die Hitze erstickend und auch das Bellen wurde nicht leiser. Ich ließ das Fenster herunter, ich zog das Fenster hoch, es war egal, der Hund wütete ohne Pause.

Ich wurde zornig. Meine Mutter war krank, wir hatten 45 Grad im Schatten, wir fanden in dieser Gegend nur hier Schatten und dieses Biest trieb mich in den Wahnsinn! Ich ließ das Fenster wieder runter und konzentrierte mich auf den Hund. Ich konzentrierte mich genauso, wie auf das Papierrad, wenn ich es zum Drehen bringen will. Ich wollte den Hund nicht drehen, ich wollte, dass er schweigt und still liegt. Ich konzentrierte mich also auf den Hund. Kusch! Platz! Ich sprach es nicht aus, ich dachte es nur. Höchstens 10 Sekunden vergingen und der Hund ... hörte mit dem Bellen auf und legte sich hin.

Ehrlich gesagt, wenn ich jetzt diesen Fall erzähle, überrascht das Ergebnis auch mich. Ich würde es nicht glauben, wenn es mir nicht passiert wäre. Wenn ich jetzt nochmal nachdenke, die Frage ergibt sich selbst: Wo wohnt diese unglaubliche Fähigkeit der Menschen? In Gehirn? Wo?

Es war mir in dem Moment dort im Wagen ganz egal, überraschte mich nicht, dachte ich nicht daran. Ich bestätigte nur, dass endlich Ruhe ist, und ich freute mich, dass es meiner Mutter in der Stille ein bisschen besser ging.

90

Dieses Foto zeigt nicht den wütenden Hund, sondern den netten Hund einer lieben Bekannten von mir. Ihrer Meinung nach ist dieser Hund der klügste Hund der Welt. Dieser Hund ist tatsächlich überraschend klug und außerdem freundlich und ruhig. Und er leckt Menschen nicht ab, was ich an ihm besonders schätze.

---

[90] © T. Lajtner, Lajtnermachine.com

2.4. Die Komplexität selbst – das Gehirn

*Können Katzen den-
ken?*

91

1999 setzte Yang
Dan einen Mikro-
chip in das Gehirn
einer Katze ein. Er studierte, ob Bilder, die die Katze sieht, im Gehirn
der Katze erscheinen. Sie erscheinen. Das Bild unten rechts sehen
wir durch die Augen der Katze, genauer gesagt durch das Gehirn der
Katze. Sie sehen das originale Bild auf der linken Seite*.

92

---

[91] *CC0 congerdesign, Pixabay.com*
* *Das Bild zeigt ein Modell, welches von mir nach Bildern von Dan erstellt
wurde. Diese sind sowohl in Farbe als auch in Auflösung genau identisch.*
[92] *CC0 T. Lajtner, Lajtnermachine.com von CC0 TimHill,
Pixaabay.com, Editiert*

Sind diese demnach die Gedanken der Katze? Sagen wir lieber, im Gehirn der Katze entstandene Signale. Wenn die Katze eine Maus sieht, erkennt sie sie und versucht sie zu fangen. Es handelt sich um drei Sachen. Erstens sieht sie, zweitens erkennt sie, drittens folgt eine aktive Handlung auf die Erkennung. Die Maus fangen! Ist das schon ein Gedanke? Nach vielen Meinungen ja. Demnach denkt alles, was sehen und darauf eine Reaktion geben kann, so auch die Katze. Aus diesem Aspekt kann man Gedanken des menschlichen Gehirns und des tierischen Gehirns kaum oder gar nicht unterscheiden. Etwas Abweichung soll es doch geben, da Katzen z.B. nicht schreiben und Bücher lesen können, im Gegensatz zu Menschen, die schreiben und lesen können.

Nach kurzer Überlegung kommen wir zur Folgerung, es handelt sich hier nicht mehr um das Gehirn, um den Gedanken, sondern schon um das Bewusstsein. Gehört ein Bewusstsein zu jedem Gehirn? Gibt es Bewusstsein ohne Gehirn? Können diese Fragen beantwortet werden? Meiner Meinung nach, ja. Damit wir in grundlegenden Angelegenheiten einverstanden sind, ist zu untersuchen, was das Gehirn macht. Was und wie. Heute muss man keinen Chip mehr in das Gehirn implantieren, wenn man das Gehirn forschen will. Das menschliche (oder nicht menschliche) Gehirn wurde ohne Eingriff prüfbar. Wach, schlafend, mit und ohne Traum. Unglaublich!

Das menschliche Gehirn

Das (menschliche) Gehirn ist Sitz der Seele nach ersten Vorstellungen der alten Griechen. Diese Ansicht wurde von Alkmaion von Kroton (6. Jahrhundert – 5 Jahrhunder v. Chr.) verändert. Er erkannte, dass der Sehnerv der Ziege in das Gehirn führt. Alkmaion fand, dass das Zentralorgan der Wahrnehmung meistens das Gehirn ist. Er gab vor ca. 2500 Jahren das Gehirn auch als Zentrale des Denkens an. 200 Jahre später entdeckten Herophilos (335 – 280 v. Chr.) und Erasistratos (304 – 250 v. Chr.), dass die Nerven aus dem Körper in das Gehirn führen. Nach wiederum 100 Jahren entdeckte Galenos

(129 – 201) die Gehirn-Rückenmark-Flüssigkeit und das Labyrinth von Ventrikeln im Gehirn, die miteinander in Verbindung stehen.

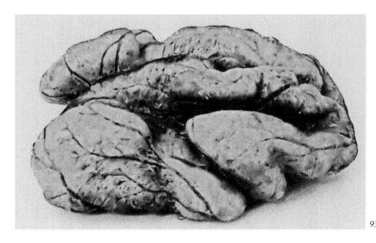

Das Gehirn ... oder dafür eine Nusshälfte

Heute wissen wir, dass die Hirnsubstanz Rillen hat, durchschnittlich 1,3 kg wiegt und zu 90 bis 95 Prozent aus Wasser besteht. (Das Gehirn enthält dementsprechend 1,17 - 1,23 Liter Wasser und kaum Sonstiges.) Außerdem gibt es ungefähr 100 Milliarden (d.h. 100.000 Millionen) Nervenzellen im Gehirn, das bedeutet, dass unser Gehirn aus einer Vielzahl von winzigen Wassertropfen besteht. 60 - 65 Prozent des menschlichen Körpers ist Wasser. Demnach enthält das Gehirn proportional mehr Wasser als unser restlicher Körper.

Es wurde bestimmt, dass das Gehirn durchschnittlich 2,5 % des Gewichts des Menschen wiegt. Wir sollten anmerken, dass während alle anderen Organe 97,5 % des Körpergewichts ergeben, deren Energieverbrauch bei nur 90 % liegt. Unser Gehirn ist also mit seinem Energieverbrauch von 10 % im Vergleich zu seiner Größe ein wesentlich größerer Energieverbraucher als unser Körper. Energieverbrauch ist Arbeit, deswegen werden wir nach geistiger Tätigkeit müde.

---

93 © *T. Lajtner, Lajtnermachine.com*

Die im Gehirn verbrauchte Energie besteht aus zwei Elementen: Sauerstoff und Kohlenhydrat (vorwiegend Glukose). Deshalb empfehlen Hirnforscher nicht, dass wir für längere Zeit ohne Luft bleiben. Die Hirnaktivität wird einfach beendet.

Mit bestimmten Atem- und Körperübungen (z.B. Yoga) lässt sich die Intensität der Hirnaktivität genauso verringern, wie die Intensität der Körperfunktionen. Demnach kann das Gehirn nicht nur auf den Körper wirken, sondern das Gehirn kann auch Wirkungen wahrnehmen, die von uns bewusst (oder unbewusst) erzeugt werden. Man kann auf die Funktion des Gehirns wirken, die Hirnaktivität ist nicht unabhängig von unseren Gedanken. Wenn der Gedanke vom Gehirn erzeugt wird, und der Gedanke auf das Gehirn zurückwirkt, wirkt der Gedanke nun auf sich selbst und auf seinen Erzeuger zurück? Was für eine interessante Situation!

Das erste Gesetz: am Leben bleiben!

Um die Hirnfunktion zu verstehen, müssen wir wissen, worin die grundlegende Aufgabe des Gehirns besteht. Wichtigste Funktion des Gehirns ist die Gewährleistung des Überlebens. Alles andere folgt nur danach. Zum Überleben hat man die Bewegung als Ursache und Folge gleichermaßen zu berücksichtigen. Wenn wir einen Neurologen über die nervliche Steuerung der Bewegung fragen, wird er folgendes sicherlich erzählen.

Aus dem Hirnstamm führen vier Nervenbahnen aus Bewegungsnerven entlang dem Rückenmark nach unten. Eine bewegt die Gliedmassen, eine andere koordiniert das Gleichgewicht des Körpers, die dritte ist für die Bewegung und die vierte für bestimmte, halb reflexartige Bewegungen zuständig. Die Hirnrinde, die sich oben auf der Hirnsubstanz befindet, ist der Chef der vier Nervenbahnen.

Es stellte sich also für uns heraus, dass das Gehirn mehrere Regionen, mehrere Teile hat. Ebenso stellte es sich heraus, dass die Bewegungssteuerung im Gehirn liegt, deren Kanäle ins Rückenmark führen. Wir könnten darauf aufmerksam werden, dass die Bewegung der Hände und Finger ausgelassen wurde. Feine Bewegungen der Finger bedeuten für den Menschen die Handfertigkeit.

Wenn wir einen Experten fragen, wird er folgendes erzählen, wovon ein Durchschnittsmensch größtenteils nichts versteht, aber es kann die Komplexität der Hirnaktivität darstellen.

Koordinator der Handfertigkeit ist nicht der Hirnstamm, sondern die für die Bewegung zuständige Hirnrinde. Die Hirnrinde sendet Hirnsignale unmittelbar zu Bewegungsnerven der Muskeln. Verschiedene Teile des Bewegungsnervs steuern die Bewegung von verschiedenen Teilen des Körpers. Der Bewegungsnerv ist unter den einzelnen Körperteilen nicht demokratisch verteilt. Ein größerer Körperteil kann nicht bloß aufgrund seiner Größe eine größere Hirnrinde beanspruchen.

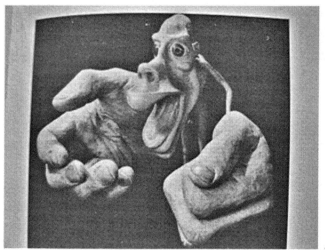

94

94 *Public Domain von Susan A. Greenfield*: „The Human Brain, HarperCollins Publishers 1997" (Ich sah das Bild zuerst im Susan Greenfields (1950 –) Buch und nahm schließlich diese konkrete Variante aus diesem Buch. Ich fragte nach den Rechten und unter welchen Bedingungen ich es veröffentlichen kann. Baroness Susan Greenfield antwortete sehr schnell. Es ist ein Gemeineigentum, mit Rücksicht darauf, dass es ein Klassiker ist.)*

Die Komplexität der Bewegung bestimmt, was in welchem Maße an der Hirnrinde beteiligt wird. Karte der Hirnrinde nachdem, was gesteuert wird.

Es gibt viele verschiedene Bewegungen, die Zentralen für sie befinden sich in unterschiedlichen Hirnregionen. Für zusammengesetzte Bewegungen sind alle Bereiche notwendig. Hirnrinde, Hirnstamm, Kleinhirn.

Hirnregionen

Wie bekannt, wurden unterschiedliche Regionen des Gehirns von Forschern, Ärzten mit verschiedenen Bezeichnungen versehen. Die Wissenschaft unterscheidet diverse Bereiche des Gehirns und teilt das Gehirn in Regionen (aufgrund Funktions-, Lage- oder anderer Kriterien) auf.

Für unterschiedliche Handlungen ist der Einsatz von unterschiedlichen Regionen nötig. Die Aktivität der Regionen hängt davon ab, was wir gerade tun. Eine Region ist aktiver, wenn sie gerade in Anspruch genommen wird. Wenn irgendeine Hirnregion aktiver als die anderen ist, verbraucht sie mehr Energie als die anderen.

Gibt es viele Hirnregionen? Ja. Hirnforscher teilten das Gehirn in viele verschiedene Bereiche auf und jeder bekam einen Namen. Der Vorgang ist ähnlich wie bei der Aufteilung des Himmels durch Astronomen. Wir müssen Dinge benennen, wenn wir von ihnen sprechen wollen.

Auf Ebene von grundlegenden Kenntnissen weiß jeder folgendes: Das Gehirn besteht aus zwei sog. großen Hemisphären, die auf dem Hirnstamm sitzen. Rechte Hemisphäre, linke Hemisphäre. Fortsetzung des Hirnstammes ist das Rückenmark. Der vordere Teil des Gehirns ist das Großhirn, der hintere Teil ist das Kleinhirn. Kleinhirn, Hirnstamm und Hemisphären unterscheiden sich sowohl in Farbe als auch in Muster. Im Gehirn befinden sich Ventrikel (Hohlräume) mit der Gehirn-Rückenmark-Flüssigkeit in sich. Diese Flüssigkeit „läuft auch im Rückenmark umher".

Hinsichtlich meines Themas ist die Bezeichnung der verschiedenen Felder von weniger Bedeutung. Die Abbildung unten dient dazu, uns ein Bild von der Struktur des Gehirnes zu machen, damit wir sehen können, wie weit die Hirnforschung mit der Identifizierung der einzelnen Hirnregionen ist.

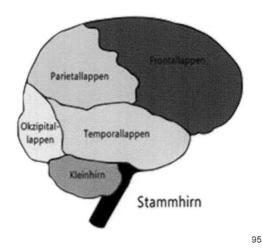

95

Eine solche Karte kann jeder innerhalb von Minuten vom Internet runterladen. Diese ganz konkret von Wikimedia. Davon werden Sie natürlich noch kein Hirnforscher, aber Sie können über das Gehirn mehr erfahren, als hätten Sie vor 100 Jahren als Hirnforscher gearbeitet.

Geschichte des Gehirns

Religionswissenschaftler hatten im 10. und 11. Jahrhundert keine solche detaillierte Karte. Sie hätte ihnen doch nicht viel geholfen, da sie die Vorstellung hatten, dass die Seele in den Hirnventrikeln wohnt.

---

[95] *Public Domain, © Syp, Wikimedia, https://hu.wikipedia.org/wiki/F%C3%A1jl:Brainlobes-hu.svg, ins Deutsche von Dr. Tamás Lajtner*

Auch Marchello Malighi, der im 17. Jahrhundert lebte, hatte keine solche ausführliche Karte. Er meinte, das Gehirn funktioniert so, wie irgendeine Drüse. Marie Jean Pierre Flourens arbeitete in den 1800er Jahren. Er war Begründer der experimentellen Neurowissenschaft, Pionier der medizinischen Anästhesiologie. Er meinte, dass das Gehirn hinsichtlich der Funktion homogen ist. In Tierversuchen entfernte er verschiedene Teile von tierischen Gehirnen, dann beobachtete er das Ergebnis. Es wäre zu erwarten, dass die geprüfte Hirnfunktion nach Entfernung des für die jeweilige Funktion verantwortlichen Hirnbereiches vollkommen ausfällt. Er erfuhr es nicht. Die ausgewählten Funktionen wurden schwächer, aber sie fielen nicht aus. Hirnfunktionen, die sich voneinander unterscheiden lassen, können nicht auf einen einzigen Hirnbereich lokalisiert werden.

Sein Zeitgenosse Franz Joseph Gall behauptete das Gegenteil. Er untersuchte, welche Hirnfunktion auf welchem Hirnbereich zu lokalisieren ist. Auf einer ähnlichen Spur kam auch der dritte Zeitgenosse Paul Pierre Broca (1824 – 1880) vorwärts. Er entdeckte die für die Sprachverarbeitung verantwortliche Hirnregion, sie wurde nach ihm Broca-Areal benannt.

Nach dem heutigen Stand der Wissenschaft arbeiten die größeren Hirnbereiche miteinander zusammen und gegebenenfalls können sie bestimmte Funktionen übernehmen, bestimmte andere Funktionen aber nicht. Wenn z. B. das Broca-Areal, das wichtigste Sprachzentrum, unwiderruflich beschädigt wird, erfolgt ein endgültiger Verlust der Sprachproduktion. Daneben ist die Rückführung der Sprache auf ein einziges Sprachzentrum nicht ganz richtig.

Nach Susan A. Greenfield gehören Hirnfunktionen im allgemeinen zu mehreren Hirnbereichen gleichzeitig. Daraus folgt: Wenn eine Region beschädigt wird, übernimmt eine andere Region allmählich ihre Aufgabe. Heute können wir nicht behaupten, was eine Hirnregion macht und was nicht. Wie könnte es entschieden werden?

Man sollte das Gehirn beobachten, während es arbeitet. Ansehen, was im Inneren geschieht. Nun, alleine das Ansehen genügt nicht, weil wir nichts sehen, was sich augenscheinlich bewegen würde. Es lohnt sich auch nicht, wenn wir zuhören, da wir keine Stimmen in unserem Kopf hören. (Wenn Sie Stimmen hören, ist es nicht alltäglich.) Das Gehirn von uns allen sendet aber elektrische Signale aus. Mit diesen sollten wir etwas anfangen können!

Wie beobachten wir das Gehirn?

Nach heutigem Wissensstand erfolgen im Gehirn verschiedene chemische Reaktionen. Diese lösen elektrische Signale aus, die erneut chemische Reaktionen hervorrufen. Wenn wir ihren Arbeitsmechanismus verstehen, können wir diese Erscheinungen beobachten.

Wir können darauf eine Antwort erhalten, wie das Gehirn arbeitet, genauer gesagt, wie eine Hirnzelle arbeitet und wie eine Hirnzelle an eine andere die Information weitergibt. Diese Information ist natürlich bei weitem kein Gedanke, nicht einmal die Funktionsweise des Gehirns. Aber es ist schon etwas ähnliches.

Das Gehirn während seiner Aktivität abtasten? Schön, aber womit?

Zur Beobachtung des Gehirns stehen heute viele instrumentelle Methoden zur Verfügung. Die Liste ist lang, weshalb ich nicht versuche, alle Methoden aufzuführen. Nehmen wir die bekanntesten!

Der Computertomograf (CT) ist eine eigenartige Röntgenmaschine. Bei der Positronen-Emissions-Tomographie (PET) werden Stoffwechsel, Sauerstoff- und Glukoseverbrauch von einzelnen Hirnbereichen oder sogar von bestimmten Zellen (!) gemessen. Damit wird auch die Hirntätigkeit sichtbar. Die Magnetresonanztomographie (MRI) erfasst den unterschiedlichen Energieverbrauch der einzelnen Hirnregionen. Eine der MRI-Technologien basiert auf Eigenschaften des Wassers, aus dem grösstenteils unser Körper, unsere Zellen bestehen. Wie bekannt, besteht das Wasser aus Sauerstoff und Wasserstoff. Das Proton ist ein Bestandteil von Wasserstoff. Die MRI verwendet seine magnetischen Eigenschaften.

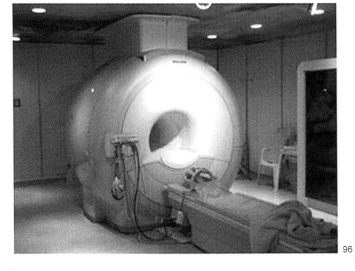

*MRI-Gerät. Die untersuchte Person legt sich auf das Bett und
wird in den großen Tunnel eingeschoben.*

Die Magnetoenzephalographie (MEG oder SQUID Superconduc-
ting Quantum Interference Device) misst unmittelbar die magnetische Hirnaktivität. David Cohen setzte zum ersten Mal diese Methode ein, er verdiente damit den Titel „Vater von MEG". Cohen begann ursprünglich mit der biomagnetischen Untersuchung des Herzens, später setzte er mit der Prüfung des Gehirnes fort. Erzeugt
auch unser Herz magnetische Signale, nicht nur unser Gehirn? Ja,
sogar unser ganzer Körper. Biomagnetismus kennzeichnet alle lebenden Organismen. Der Begriff Biomagnetismus ist seit Jahrhunderten bekannt. Er wurde zuerst 1963 gemessen, als G. M. Baule – R.
McFee das magnetische Feld des Herzens nachwiesen.

Der Detektor der MEG fängt die magnetischen Signale des Gehirnes auf. Die Messung erfolgt mit Millimeter-Genauigkeit und kann
in Intervallen von Tausendstelsekunden wiederholt werden. Diese

⁹⁶ *CC BY-SA 3.0 KasugaHuang Wikipedia, https://commons.wiki-
media.org/wiki/File:Modern_3T_MRI.JPG*

Methode ermöglicht den Weg des Magnetismus auf den Nervenbahnen zu bestimmen. Der Detektor erfasst den Ausgangspunkt, den Weg und die Endstation des magnetischen Signals des Gehirns. Diese Werte werden von einem Computer als Angabe, Bild oder Film zurückgegeben. Wenn zerebrale Antworten auf Licht- oder Schalleffekte untersucht werden, können im Wesentlichen die Wahrnehmungen und Antworten des Gehirns mit diesem Verfahren nachgewiesen werden. Die Verfolgung der Antworten ist im Wesentlichen die Verfolgung der Gedanken im Gehirn, wenn sich der Gedanke als eine elektromagnetische Kraft verwirklicht.

Bei obigen Methoden werden im Allgemeinen teure und große Maschinen eingesetzt. Jetzt kommt eine Variante mit einer „kleinen Maschine". Die Grundlagen sind so einfach, dass wir sogar mit einem Voltmeter aus dem Baumarkt und einem Computer anfangen können, elektrische Signale unseres Gehirns zu messen. Die Methode ist erfolgreich, das ist ein Grundinstrument für die früher vorgestellte Gedankenübertragung zwischen Béla und Sanyi.

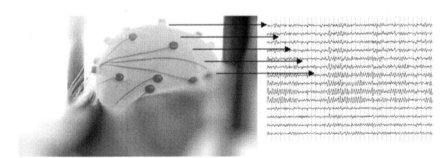

Electroenzephalograph (EEG) zeigt und registriert die Wellen des Gehirns.

Das EEG ist vielleicht das einfachste unter den Geräten, mit denen das Gehirn untersucht wird. Oben sehen Sie die bei der Methode verwendete Kappe und einen Ausschnitt aus einem EEG-Diagramm (Modell.). Die elektrischen Signale des Gehirns werden in Abhängigkeit von der Zeit dargestellt. Das EEG zeigt auch die Veränderung der Hirnwellen. In einem relaxierten Zustand sind die Wellen langsam, d.h. ihre Frequenz ist niedriger, die Kurven werden flacher. Das EEG ist in der Lage, auch die Traumphase des Schlafes nachzuweisen. Dieses Stadium ist die berühmte REM-Schlafphase, die mit schnellen Augenbewegungen verbunden ist (Rapid Eye Movements).

Wie das Diagramm zeigt, haben die Wellen unterschiedliche Formen. Welche Arten der Wellen entstehen, hängt von dem Alter, dem Wachheitsgrad und dem aktuellen Gesundheitszustand der Person ab. Die EEG-Wellen werden klassisch in Alpha-, Beta-, Delta- usw. Wellen eingeteilt. Die Aufteilung erfolgt hauptsächlich nach der Wiederholung der Wellenzahlen (Frequenz), aber in einzelnen Fällen wird auch die Amplitude berücksichtigt. Unter Frequenz verstehen wir den gewöhnlichen physikalischen Begriff, ganz konkret, wieviel Hirnwellen in einer Sekunde entstehen. Wenn 10 Wellen in einer Sekunde entstehen, dann spricht man von 10 Hz.

Die Frequenz des Gehirns liegt zwischen 0,05 und 600 Hertz, die Hirnwellen umfassen vier Größenordnungen.

Während der Forschung der Hirnwellen stellte es sich heraus, dass die Frequenz der Hirnwellen beim Non-REM-Schlaf am niedrigsten ist: Delta. Im Non-REM träumen wir nicht.

Die niedrigste Frequenz bedeutet nach dem Grundgesetz des Physikers Planck gleichzeitig die niedrigste Energie. Der Non-REM-Schlaf ist also der Fall, wenn unser Gehirn den kleinsten Effekt auf unsere Umwelt hat. Wenn wir eine Nachricht vom Universum oder gerade von Gott erwarten, lohnt es sich also in diesem Zustand zu warten, denn so können wir auch auf das winzigste Signal Zugriff haben, es wird von unserer eigenen Energie nicht unterdrückt.

Der Alpha-Zustand ist ein aktiverer Zustand, der Beta-Zustand bedeutet einen Wachzustand. Man kann sagen, wir unterscheiden uns von unserer Umwelt umso stärker, desto wacher wir sind. Damit man mit der Umwelt verschmelzen kann, muss man die Hirnaktivität reduzieren. Ruhe ist eine Voraussetzung für das Verschmelzen mit der Welt.

Auf merkwürdige Weise ermöglicht gerade die Hirnaktivität, durch unsere Gedanken auf die Welt auszuwirken. Wollen wir die Welt verändern, müssen wir aktiv sein, damit wir energische Gedanken mit Kraft erzeugen können.

Verschmelzung, Ruhe. Aktivität, Wirkung. Schlaf, Wachzustand. Ihre Einheit ist der Mensch. Dazu brauchten wir das EEG? Das weiß jedes Kind!

97

---

[97] *CC0 drkiranhania, Pixabay.com*

2.5. 100 Milliarden Neuronen per Kopf

Sie sind ein richtiger Feldherr. Sie steuern 100 Milliarden (1011) Neuronen. Trotzdem sind Sie tief demokratisch, wenn Sie 100 Milliarden Stimmen vor jeder Handlung summieren. Das ist wahr, dass es von 7 Milliarden Menschen so gemacht wird, aber niemand macht es so wie Sie. Sie sind einfach einzigartig.

100 Milliarden Nervenzellen! Das ist eine so große Zahl, die wir es nicht erfassen können. Obwohl es leicht wäre. Könnten wir mit jeder Nervenzelle eine Zahl begreifen, wäre die Sache erledigt. Aber die Nervenzelle dient nicht dazu und funktioniert so nicht. Sondern wie funktioniert sie?

Die Nervenzelle oder das Neuron ist der grundlegende Baustein des Nervengewebes. Camillo Colgi (1843 – 1926) war der Erste auf der Erde, der ein Neuron sah, etwas Ähnliches wie auf dem Bild unten.

Das Bild unten rechts stellt Neuronen dar. Wir könnten denken, dass wir einen Baum im Wind sehen (Bild rechts).

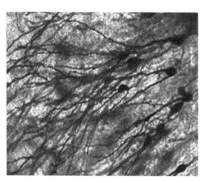

98

Neuronen und ein kahler Baum

Wie ersichtlich (oder nicht), besteht ein Neuron aus mehreren Teilen. Es gibt einen mittleren Teil und dessen Zellfortsätze. Das

---

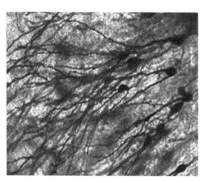98 *CC BY-SA 2.5 MethoxyRoxy, Wikipedia, https://en.wikipedia.org/wiki/Neuron#/media/File:Gyrus_Dentatus_40x.jpg; Baum, CC0 rkit, Pixabay.com*

Neuron wird von einer Zellmembran in einer Doppelschicht angeordnet umschlossen. Zwischen den beiden Zellmembranen gibt es eine Isolierung aus „Öl", dieser „Aufbau" hat eine wichtige Rolle in der Funktion. Was innerhalb der Doppelschicht liegt, ist das Neuron, was außerhalb der Doppelschicht, ist kein Neuron. Diese Evidenz ist in der Funktion des Neurons wichtig, wie auch die Membran selbst.

Innerhalb der Zellmembran beträgt der Zellkörper (Soma) durchschnittlich ca. 40 Mikrometer. Ein mittelgutes Kinder-Mikroskop ist heute zu einer 100-fachen Vergrößerung reichlich fähig. Wenn man das Soma unter einem solchen Mikroskop beobachten würde, würde es 4 Millimeter aussehen. Die Fortsetzungen, die den Ästen der Bäume entsprechen, sind die Dendriten. Die Form und die Dichte der Dendriten sind nicht „einheitlich", aber es gibt einige Grundvarianten. Wenn man Neuronen aufgrund der Dendriten gruppiert, erhält man ziemlich viele Gruppen. Der längste und dünnste Fortsatz des Neurons unterscheidet sich von den anderen, er wird als Axon bezeichnet. Die Länge des Axons, das im Rückenmark verläuft, kann sogar 1 Meter betragen.

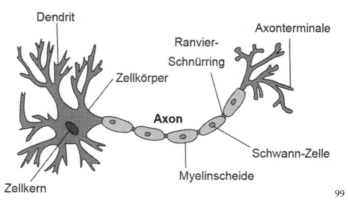

Das Axon ist in Wirklichkeit meistens dünner als die anderen Dendriten.

[99] CC BY-SA 3.0 Quasar Jarosz, Wikipedia, https://de.wikipedia.org/wiki/Datei:Neuron_Hand-tuned.svg

Aufgrund des früher erwähnten Funktionsprinzips des EEG können wir erraten, dass ein Neuron Elektrizität erzeugt. Wir wissen, dass das elektrische Signal leicht abzuleiten ist. Wir stellen uns instinktiv die Weiterleitung des elektrischen Signals im Gehirn so vor, wie der elektrische Strom durch eine Leitung weitergeleitet wird. Das elektrische Signal verläuft über den ganzen Schaltkreis, in diesem Fall über die miteinander in Verbindung stehenden Neuronen. Es könnte wohl möglich sein, aber die Kommunikation zwischen den Neuronen funktioniert so nicht.

Wie funktioniert ein Neuron?

Die „Doppelschicht" (die Myelinscheide) der Zellmembran trennt die Innenwelt des Neurons von seiner Umwelt ab, aber ein Tor oder mehrere Tore öffnen sich manchmal. Im Grundfall unterscheidet sich die elektrische Ladung im Inneren der Zelle von der Ladung der Umwelt um die Zelle. Die Ladungen werden von Ionen (Kalium, Calcium, Natrium, Chlorid) transportiert, außerdem wissen wir, dass die Proteine im Inneren der Zellen negative Ladungen tragen. Die Zellmembran, angeordnet in Myelinscheide, hat eine gute elektrische Isolierfähigkeit. Dementsprechend ist es möglich, dass das Neuron eine negative Ladung hat, während das umgebende Medium eine positive besitzt.

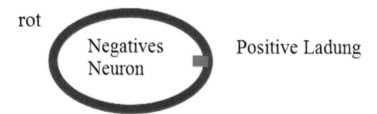

Auf dem Bild ist die Zellmembran mit Myelinscheide in Rot dargestellt sowie die Möglichkeit zur Eröffnung eines Tores in Grau.

Kurz und gut, die Ladung des Neurons wird sich von der umgebenden Ladung außerhalb der Zelle unterscheiden. Der Ladungsunterschied beträgt ca. 70 – 80 mV. (Eine kleine Knopfbatterie, die in Armbanduhren benutzt wird, gibt meistens 1.500 mV ab. Aber wo sind nun die Armbanduhren?)

Alleine der Ladungsunterschied hat keinen Sinn, wenn das graue Tor nie geöffnet wird, d.h. es gibt keinen Prozess, bei dem er ausgeglichen werden kann, beziehungsweise das Treffen der Ladungsträger, der Ionen zustande kommen kann. Wenn es nicht geschieht, ist es Sehnsucht ohne Erfüllung.

Wenn sich positive und negative Ladungen treffen, vereinigen und entladen sie sich. Erfüllung ohne weitere Sehnsüchte. Dazu müssen sie sich treffen. Zum Treffen müssen sie sich bewegen, eine Ladung muss zur anderen gehen. Wenn sich Ionen bewegen, strömen Ladungen. (Daher „fließt" der elektrische Strom.)

Die Zellmembran steht dem Treffen im Weg. Damit sich positive und negative Ladungen treffen, muss auch die Zellmembran helfen. Sie hat ein Tor in der sonst undurchdringlichen Wand zu eröffnen. Zum Wort Strömung passt der Ausdruck Kanal statt Tor besser, es wird auch von der offiziellen Bezeichnung benutzt: Ionenkanal. Der Ionenkanal dient zur Überlassung von Ionen mit Ladung. Der Kanal lässt das positive Ion in die Zelle ein. Wenn ein positives Ion in das negative Neuron strömt, entlädt sich das Neuron durch Treffen von elektrisch negativen und positiven Ladungen im Inneren des Neurons. Das ist die Erfüllung selbst, mit einem anderen Wort: der Nervenimpuls.

Die Entladung des Neurons resultiert höchstens in ca. 90 mV Spannung. Wenn mehrere Entladungen geprüft und in Abhängigkeit von der Zeit dargestellt werden, sehen wir, dass ein bestimmtes Neuron Kurven gleicher Art produziert. Jede Entladung ist mit gleichem Glücksgefühl verbunden.

Wenn sich die Anzahl der in das Neuron einströmenden Ladungen erhöht, vergrößert sich die ausgelassene Spannung nicht, sondern immer mehr Entladungen erfolgen. In Extremfällen kann es sogar zu 500 Entladungen pro Sekunde kommen, bei durchschnittlicher Funktion erfolgen Entladungen zwischen 1 und 100 in einer Sekunde. Der Output des EEG spiegelt diese Schwankung wider. Eine Entladung ist ein Energiestoß. Die Hirnzelle erzeugt Energie.

Wenn die positiven Ladungen nach der Entladung in das Innere der Zelle weiter einströmen, resultiert, was wir erwarten. In einer Kneipe haben viele Dudler keinen Platz. Die positiven Ionen, die früher in der Zelle waren, beginnen durch den Kanal der jeweiligen Zelle auszuströmen. Deswegen verändern sich die inneren Verhältnisse in der Zelle erneut, infolge der Ausströmung der positiven Ionen wird der ursprüngliche Zustand mit negativer Ladung wiederhergestellt. Der ganze Vorgang erfolgt in 1 bis 5 Tausendstelsekunden und ist etwas komplizierter als beschrieben, aber die Hauptpunkte stimmen überein.

Ein Neuron hält durch seine Dendriten mit zahlreichen anderen Neuronen den Kontakt, d.h. die Nervenzelle hat nicht nur ein Eingangssignal, sondern viele. Sie hat aber nur ein Ausgangssignal, es wird von dem Axon transportiert. Über das Axon wird der elektrische Impuls mit einer Geschwindigkeit von 110 km/h weitergeleitet. (Die Geschwindigkeit von manchen Nervenimpulsen kann 400 km/h erreichen. Mit dieser Geschwindigkeit wäre sogar der Physiologe Johannes Müller zufrieden, obwohl er 1846 folgendes prophezeite: „Niemand wird die Schnelligkeit der Fortleitung der Nervenimpulse messen können.")

Das Axon schließt sich an ein anderes Neuron nicht unmittelbar an, sondern an einen Spalt, hinter dem das neue Neuron da ist, aber es wird nicht erreicht. In diesem Spalt fließt ein Fluss. Auf den Einfluss des über das Axon ankommenden elektrischen Signals verändert sich die Zusammensetzung des Flusses. Die Veränderung der Flüssigkeit wird von einem speziellen Protein jenseits des Spaltes erkannt. Es strahlt positive Ionen abhängig von der Veränderung der Zusammensetzung des Flusses aus. Grosse Veränderung, viele Ionen, kleine Veränderung, wenige Ionen. Die positiven Ionen stauen sich an der Nervenzellmembran an, dann dringen sie wie oben beschrieben ein.

Die Verbindungsmechanismen zwischen den Hirnzellen werden als Synapse bezeichnet. Erinnern wir uns daran, wir haben 100 Milliarden (10^{11}) Hirnzellen. Die Anzahl der Verbindungen zwischen den Neuronen ist erstaunlich, mehr als 100.000 Milliarden (10^{14}). Die einzelnen Neuronen können mit mehreren zehntausend anderen Neuronen in Verbindung kommen, sie können an diese Neuronen Signale senden und von ihnen Signale empfangen. Was für eine faszinierende Kompliziertheit, Spitzentechnik des zusammengesetzten Betriebs. Wer oder was kann die Arbeitsweise dieses Systems begreifen?

Wir sind daran gewöhnt, uns an die Mathematik zu wenden, wenn wir komplizierte Systeme zu beschreiben haben. Kann die Mathematik eine solche Kompliziertheit modellieren? Leider nein. Sogar die modernste Mathematik ist weit davon entfernt.

Wie kann dann eine zusammengesetzte Konstruktion ohne „Betriebsanleitung" benutzt werden? Ohne Problem, da Sie ein solches Gehirn verwenden!

Erhebendes Gefühl, aber wir wurden kein bisschen klüger in Bezug darauf, was der Gedanke schließlich ist. Trotzdem war es keine verlorene Zeit! Bewaffnet mit diesem Wissen können wir als Erste auf der Welt enträtseln, warum der Traum entsteht.

2.6. Die ganze Welt träumt mit

Was ist dazu notwendig, damit Sie am Leben bleiben? Sie müssen atmen, essen, trinken und schlafen. Das ist wohl genug! Doch nicht! Sie müssen auch träumen. Ohne Träume kann man nicht leben. Wenn man jemanden längere Zeit nicht träumen lasst, wenn man also jemanden vor jedem Träumen aufgeweckt, stirbt er früher oder später an dem Traumentzug. Der Traum ist also lebenswichtig. Was ist schließlich ein Traum?

100

Die Frage ist seltsam, da dies jedem bekannt ist, denn jeder träumt. Jedoch weiß es eigentlich niemand.

Die bekannteste Persönlichkeit in der Psychologie ist Sigmund Freud (1856 – 1939). Er machte die Psychologie zu einem populären und anerkannten Fach, die Psychologie begann quasi mit ihm. Es war aber kein sofortiger Siegeszug. Von seinem Buch mit dem Titel ‚Die Traumdeutung' konnte er in 8 Jahren nur insgesamt 600 Exemplare verkaufen.

---

[100] *CC0 Pezibear, Pixabay.com*

Das ist immer noch viel mehr als ich von einem meiner früheren Bücher verkaufte. Aber ich will es nicht beschönigen! Ich habe kein einziges Exemplar verkauft. Jetzt aber zeige ich meine Uneigennützigkeit: Ich veröffentlichte es gratis im Internet. Ich sage es nicht aus Prahlerei, aber ich hatte mehr als 600 Leser.

Freud beschäftigte sich hauptsächlich mit dem Traum und dem Unterbewusstsein. Der Traum gilt als ein ziemlich abstrakter Begriff bis heute. Diese Situation änderte sich kürzlich, denn Forscher aus Japan (Kyoto) konnten Träume auf Video aufnehmen. Der Traum ist also ein echtes Signal des Gehirns, sonst könnte er von dem Video nicht aufgenommen werden. Das Videogerät beruht natürlich auf einer der früher beschriebenen Methoden der Hirnforschung (oder gleichzeitig auf mehreren Methoden). Der Traum ist also eine Hirnaktivität. Er ist aber mehr als ein Bild. Laut Freud ist er eine Botschaft, die uns von unserem Ich geschickt wird.

Die Psychologen meinen seit Freud, dass der Traum analysiert werden kann. Andere denken, während wir träumen, erhalten wir die geheime Botschaft der Welt. Diese geheime Botschaft lässt sich dem Traum entnehmen. Einige Scharlatane und Auserwählte denken, sie können die im Traum kodierte Botschaft der Welt entschlüsseln. Dafür gibt es keinen Beweis, obwohl ein bestimmter Joseph mithilfe der Traumdeutung eine glänzende Karriere machte. Nicht mal Joseph konnte aber sagen, warum der Traum entsteht.

Der Traum zählte als ein abstrakter Begriff, bis Bilder des Traums von der japanischen Wundermaschine auf Video genommen wurden (Gefühle und Stimmen wurden von dem Video nicht erfasst). Die aufgezeichneten Bilder entstehen als elektromagnetische Signale des Gehirns. Der Traum ist aber mehr als das elektromagnetische Signal des Gehirns. Laut Freud ist er eine Botschaft.

Die Ärzte wissen, dass der Traum in der REM-Phase des Schlafes entsteht, wenn das Gehirn Alphawellen produziert. Sie haben es in einem früheren Kapitel schon gelesen, wie auch das: Merkwürdigerweise herrschen die Deltawellen in der stillsten Phase des Schlafes. Zu dieser Zeit haben wir keine Träume.

Warum entsteht der Traum? Niemand weiß. Meiner Meinung nach das hängt von der Ladung der Neuronen ab. Wenn ein Neuron beispielsweise Stimmen von 100 Input-Neuronen zur Entladung benötigt, aber es bekommt nur 99, wird es sich nicht entladen. 99 ist beinahe 100. Es wird eine Wirkung haben, von der das folgende Neuron nicht berührt wird, aber dafür schon genug ist, die Topologie des Gehirnes zu beeinflussen. Besonders dann, wenn es mehrere „99er"-Neuronen gibt. Diese physikalisch im Gehirn bestehende Topologie erzeugt einen entsprechenden Abdruck im Raum, der erneut als Eingangssignal für das Gehirn dient. Dieses Signal wird von dem Gehirn als Wirkung des Raumes wahrgenommen. Hinter dem Schlaf des Gehirns mit Deltawelle wird die verdeckte „99er"-Struktur der Neuronen bleich erscheinen, da das Rauschen der im Wachzustand funktionierenden starken Beta- und Gammawellen abklingt.

Folgendes Bild ist nicht maßstabsgerecht und zeigt auch einige Spitzen, die kleiner als 99 sind.

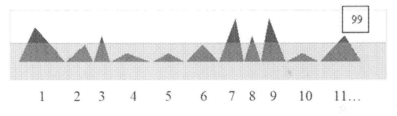

Im Stadium der Deltawellen zeichnen sich die 99er-Spitzen schön aus, denn Teile mit höherer Energie werden still, anders gesagt, die Bergfüße hüllen sich in Dunst.

In diesem Zustand bedeuten die Bergspitzen eine überdurchschnittliche Hirnaktivität, deshalb folgt die Traumphase Alpha zwangsläufig auf die Deltaphase. Auch die Spitzen sollen abklingen. Die Neuronen sollen sich entladen! Aber von wem werden sie entladen?

---

[101] *CC0 T. Lajtner, Lajtnermachine.com*

Der auf Ihren 99er Spitzen schreitet. Wer ist das? Die Raumwelle selbst. Damit die 99er Spitzen aktiv werden, ist ein äußeres Signal notwendig. Es wird von der Schwingung des Raumes geliefert, die von der jeweiligen Struktur des Gehirns selbst hervorgerufen wurde. Das wirkt auf das Gehirn zurück und aktiviert einzelne Neuronen, oder kurz gefasst, kleine Krafteinwirkungen der Raumwellen machen die 99er Zustände flach. Höhere Ladungen der Neuronen werden aufgehoben, also „Falten des Bettlakens werden gerade gezogen". Sie erwachen erholt und Sie kamen mit der Welt in eine tiefere Harmonie infolge der Auswirkung des Raumes.

Die im Traum erscheinenden Bilder, Gefühle und Stimmen sind miteinander nicht in der gewöhnlichen Reihenfolge verbunden, wie man aus dem Bild oben entnehmen kann, denn nur (oder hauptsächlich) die Teile oberhalb des Dunstes existieren und kommen nebeneinander. Wenn wir träumen, können wir ausschließlich von einer Spitze auf die andere schreiten, so werden die 6 herausragenden Spitzen auf dem obigen Bild nebeneinander angeordnet. Man kann von einer auf die andere schreiten, auf eine andere Stelle nicht. Da Spitze Nr. 2 umnebelt ist, kann man nach der ersten Spitze sofort auf die dritte schreiten und von dort auf die siebente.

Ihre Träume, d.h. die 99er-Zustände werden für Sie, für Ihre aktuellen Zustände charakteristisch. Dementsprechend haben diejenigen Recht, die meinen, dass der Traum eine Botschaft über uns an uns ist. Aber derjenige hat auch Recht, der sagt, dass der Traum uns auch von uns unabhängige Wirkungen mitteilen kann. Das wundert uns natürlich nicht, denn wir haben mit den Zeitwellen (Raumwellen) zu tun. Und wir wissen, dass die Zeitwellen den Gedanken verändern.

Nach meiner Auffassung ist der Traum teilweise Ihr Verdienst, teilweise nicht. Ohne Sie könnte Ihr Traum nicht entstehen, aber alleine Sie sind dazu nicht genug. Sie brauchen für Ihren Traum eine ganze Welt. Der Hund würde hierzu sagen: Schön, dass es die Welt gibt! Und was würde die Katze sagen? Die Welt ist für mich gemacht.

Da mir jetzt keine anderen Tiere einfallen, sage ich selbst das Folgende: Es gibt die Inspiration, aber man muss etwas dafür tun! Oder umgangssprachlich: Es gibt die Inspiration und es gibt die Erleuchtung, aber entweder verstehst du sie oder nicht.

102

---

[102] *CC0 Couleur, Pixabay.com*

2.7. Mord aufgrund einer falschen Erleuchtung

Obwohl wir Kenntnisse über das Gehirn als Ganzes haben, gibt es unerklärliche menschliche Taten. „Dieser Mann kann nicht mal eine Fliege verletzen", sagen die Nachbarn über ihn. Unverständlich, warum er seine Schwester tötete! Die Zeitungen berichten von Zeit zu Zeit von einem solchen Mordfall mit einem unerklärbaren Motiv. Der Mörder schwört, dass er nicht seine Schwester tötete, sondern eine Fremde, die „wie seine Schwester aussah". Die brach in das Haus ein, die wahrscheinlich seine Schwester ermordete, dann versuchte, ihren Platz einzunehmen – sowohl im Haus als auch in der Familie. Sie war eine gefährliche Einbrecherin. „Ich musste sie unschädlich machen." Nach Aussagen der Polizei ermordete der Mann seine Schwester, das wird von jedem Beweis bestätigt. Lügt der Mörder? Nein. Irrt sich die Polizei? Nein. Was denn nun?

Wenn sowohl der Mann als auch die Polizei recht haben, wäre es dann unmöglich? Wenn sowohl der Mann als auch die Polizei gesund sind, wäre es wirklich unmöglich. Wenn die Polizei gesund ist und der Mann krank, dann wäre es möglich. Um was für eine besondere Krankheit handelt es sich? Um eine sehr merkwürdige Krankheit. Bei dieser Krankheit kann es vorkommen, dass die unteren zwei Bilder dem Mann die selbe Frau zeigen. Das Gehirn des Mannes vermischt meistens nicht so verblüffende Unterschiede, aber es kommt ziemlich oft vor, dass der Täter anstatt seiner Schwester eine andere Frau sieht. Aber er sieht nicht das, was wir sehen, beziehungsweise nicht nur das, sondern auch noch andere Dinge, und doch auch anderswie. Verstehen Sie es nicht? Niemand versteht es. Das ist eine schwere Krankheit.

103

Die Neuropsychologen Andrew Young und Vicki Bruce untersuchten Patienten mit Hirnschäden. Von zwei Krankheiten wurden nachgewiesen, dass eine Krankheit von den beiden ein eigenartiges, komisches Spiegelbild der anderen ist.

Die Prosopagnosie ist eine Form der Hirnschädigung. Das Sehvermögen des Patienten ist gut. Seine Augen haben kein Problem. Er erkennt aber keine Gesichter, kann seine Bekannten dem nach Gesicht nicht identifizieren. Er identifiziert die Stimmen gut, erkennt seine Freunde nach ihren Stimmen sofort. Wenn ihm Fotos von bekannten und unbekannten Gesichtern gezeigt werden, geschieht etwas Interessantes. Er kann seine Bekannten von den Bildern nicht auswählen, erkennt sie aufgrund der Bilder nicht.

---

[103] *Frau © vgstudio, Fotolia.com; Tiger © estima, Foliai.com*

Wenn man dem Patienten verschiedene Namen nennt, während er sich die Bilder ansieht, entstehen unbewusste Reaktionen auf die zu dem Bild gehörenden Namen. Die elektrische Leitfähigkeit der Haut des Patienten verändert sich.

Das Capgras-Syndrom ist im Wesentlichen der Gegensatz zur Prosopagnosie. Das Sehvermögen des Patienten ist gut, er erkennt die Gesichter und kann diese mit einer Person verbinden. Er ist aber fest davon überzeugt, dass die Person, die er sieht, eine andere Person ist – im Falle der eingangs erwähnten Mörders – dass diese durch seine Schwester ersetzt wurde. Seine Schwester verschwand, sie wurde durch jemanden ausgetauscht, der identisch aussieht, aber nicht sie ist. Obwohl der Patient seine Schwester genau ansieht, wird er sagen, dass sie identisch aussieht, aber nicht seine Schwester ist. Der Mörder war an dieser Krankheit erkrankt.

Bei Prosopagnosie kann der Betroffene das Gesicht durch Sehen nicht identifizieren, jedoch, wenn der Patient den zum Bild gehörenden Namen (unter mehreren anderen Namen) hört, wird es unbewusste Reaktionen in ihm hervorrufen. Er erkennt seinen Bekannten irgendwie. Beim Capgras-Syndrom wird die äußere Erscheinung der Schwester des Patienten durch Sehen identifiziert, aber der Patient kann die Person seiner Schwester nicht identifizieren. Young kam zu der Schlussfolgerung, dass die menschliche Gesichtserkennung auf zwei (oder noch mehr) Systeme aufgebaut ist. Das Sehvermögen und ein „geheimes" System arbeiten im Normalfall zusammen und arbeiten gleichzeitig. Wenn das Sehvermögen beschädigt ist, spricht noch das andere „geheime" System an. Das ist der Fall der Prosopagnosie. Beim Capgras-Syndrom ist das „geheime" System beschädigt, somit wird die Identifikation der anderen Person nur durch Sehen alleine unmöglich.

Aufgrund der Reaktionen der von diesen zwei Krankheiten Betroffenen scheint es, dass diese „geheime" Methode mindestens gleichrangig mit dem Erkennungssystem durch Sehen ist. Es ist sogar wichtiger, meint der Forscher Dennett.

Das „geheime" Sehen verwirklicht sich nicht durch elektromagnetische Wellen. Wir alle besitzen dieses „geheime" Sehvermögen. Unbewusst. Instinktiv. Rätselhaft. Selbstverständlich. Wir wissen nicht einmal davon. Wir Menschen (und auch andere Lebewesen und sogar leblose Dinge) sind einfach so. Wir bestehen aus mehreren Teilen. Aus einem solchen Teil, den die heutige Wissenschaft messen kann. Und aus mindestens einem solchen Teil, den die heutige Wissenschaft nicht messen kann. Sie nimmt nicht einmal zur Kenntnis, dass ein solcher Teil existiert. Aber er existiert allzu sehr. Das ist der Teil, wo sich auch die Gedankenkraft manifestiert. Was ist es? Das ist der Raum und seine modifizierten Wellen. Dieser Raum und diese Wellen sind für uns sehr wichtig. Ohne sie hätten wir keine Gedanken. Ohne sie würden wir unsere Bekannten nicht einmal erkennen und sie uns auch nicht, obwohl es möglich ist, dass letzteres manchmal praktisch wäre! Geh schon, Schatz, natürlich hast Du mich nicht mit einer anderen Frau gesehen!

Es muss eine ganz konkrete, physikalische Verbindung zwischen der Welt und dem Menschen sein. Dieser Kontakt ist tiefer als Kälte- und Wärmempfinden, hervorgerufen durch das Wetter. Es ist mehr als die Auswirkung der Sonnenausbrüche. Es ist mehr, denn Gedankenkräfte existieren in dieser Welt, die nicht zu unserem Körper gehören. Sie existieren außerhalb von uns und sie sind gegenwärtig unmessbar. Auf deutsch: wir sind ein Teil der Welt und die Welt ist ein

Teil von uns. Es ist keine rosenrote Poesie, kein mystischer Misch-masch. Es ist Physik.

104

Also zwei Dinge sind eindeutig: die Welt beeinflusst unsere Ge-danken und unsere Gedanken die Welt. Jetzt möchte ein Beispiel zeigen, wie sehr unsere Gedankenkraft die Welt verändert.

---

[104] *CC0 T. Lajtner, Lajtnermachine.com*

2.8. Schönheit ist keine Geschmacksache

Ich stelle vor: das neueste Sexikon. Es war früher nur eine witzige, aber liebe Figur des Karnevals. Heute aber ist es das Sexikon! Es ist die große Sie und der große Er. In einer Person! Wow!

105

Ich gebe zu, heutzutage ist sie vielleicht zu schön, um die große Sie oder der große Er zu sein. Das Sexikon muss viel hässlicher sein und es darf keine Liebenswürdigkeit haben. Absolut keine.

In den letzten 30 – 40 Jahren ist eine sehr grobe Ansicht über das Ästhetikgefühl der Menschen ausgebrochen. Die Ansicht hat in der Filmindustrie von Hollywood begonnen, heute ist sie hier auch in

---

105 *CCO Hans, Pixabay.com*

Europa. Grässliche Schauspielerinnen spielen die strahlenden Schönheiten, Kretinmänner die charmanten Superhelden. Unscheinbare Schauspieler spielen den Fürst, dicke, plumpe Frauen sind die Balletttänzerinnen in den heutigen Filmen.

Das ist schon betrübend, weil es unserem Wissen und unseren Erfahrungen widerspricht. Warum zwingt uns die Filmindustrie doch dazu? Weil die Filmindustrie dient. Sie dient nicht den Zuschauern, sondern einer Elitegruppe. Meinen Sie nicht? Nun gucken Sie ein Glas Wasser an, und Sie werden es gleich erfassen!

Es ist seltsam, dass die Parapsychologen in ihren Experimenten Wasser nicht oder kaum verwenden. Ich verstehe die Ursache aus zwei Gründen nicht. Einerseits ist Wasser gut messbar, billig und es ist einfach, damit zu experimentieren. Andererseits besteht der

menschliche Körper zu 60 – 65 % und das Gehirn zu 90 – 95 % aus Wasser. Wasser ist das am häufigsten vorkommende Material auf der Erdoberfläche. 71 % der Erdoberfläche sind mit Wasser bedeckt. Was könnte wichtiger sein als das, ob der Gedanke auf das Wasser wirken kann?

106

Wie bereits erwähnt, besteht der menschliche Körper größtenteils aus Wasser. Wenn wir Wasser verlieren, müssen wir es ersetzen. Durst ist das subjektive Gefühl des Wassermangels. Es erscheint, wenn sich der Wassergehalt im Blut unter den Normalwert verringert, und infolgedessen die molare Konzentration und der Proteingehalt des Blutes zunehmen. Im Gehirn entstehen Nervenimpulse, die auch die Aktivität der Hirnrinde erfordern. Der Mensch kann ohne Essen wochenlang überleben, ohne Trinken höchstens einige Tage.

Der Verlust einer Wassermenge, die 2 % des Körpergewichts entspricht, verursacht Müdigkeit. Bei 5 % tritt Übelkeit auf. Bei einer Verringerung von mehr als 10 % werden die Muskeln gelähmt, die Haut schrumpft und Halluzinationen beginnen einen zu quälen. Wenn der Wasserverlust 15 % des Körpergewichts erreicht, verdurstet man.

Was ist Wasser? Wir wissen, dass Wasser aus Molekülen besteht. Die Moleküle sind aus Atomen aufgebaut. Wie allgemein bekannt, ist das Wassermolekül aus zwei Wasserstoffatomen und einem Sauerstoffatom gebildet. Die gewöhnliche Bezeichnung: H_2O.

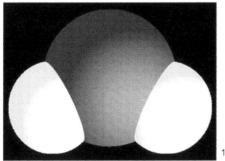

107

Ein Sauerstoffatom und zwei Wasserstoffatome. Das ist die Grundeinheit des Wassers. Wir haben es in der Schule gelernt (das Bild ist nicht maßstabsgerecht).

---

[107] *CC0 OpenClipart-Vectors, Pixabay.com, Editiert*

Die Zustände des Wassers sind auch für seine Umgebung kennzeichnend. Es befindet sich immer in einem Zustand, der von seiner Temperatur begründet wird. Die Temperatur ist eine die Moleküle betreffende Energiewirkung, die sich in den Bausteinen des Wassers, in der Schwingung und Anordnung der Moleküle manifestiert. Unterschiedliche Temperaturen bedeuten unterschiedliche Kraftwirkungen. Unterschiedliche Kraftwirkungen ergeben unterschiedliches Verhalten der Moleküle. In Wärme werden die Moleküle schneller, Wasser wandelt sich in Dampf um. In Kälte wird ihre Bewegung langsamer und sie gruppieren sich besser als gewöhnlich, dann ist das Wasser nicht mehr flüssig. Wasser (und jede andere Flüssigkeit) nimmt eine kristalline Struktur an, wenn der Gefrierpunkt erreicht wird. Wasser weist im festen Zustand eine Kristallstruktur auf. Solche Strukturen sind Schnee und Eis.

Kristalle sind im alltäglichen Sinn fest bestimmte, regelmäßig aufgebaute geometrische Formen, Objekte. Der Kristall ist eine auf eine bestimmte Weise entstandene Gruppenanordnung. Eine solche Struktur, in der sich Atome, Moleküle oder Ionen in einer regelmäßigen Anordnung im dreidimensionalen Raum befinden. Salz, Zucker und Schneeflocken sind klassische Beispiele für Kristalle.

Die Kristalle der Schneeflocken zeigen unter dem Mikroskop ihren Zauber. Die Vielfältigkeit von Formen und Mustern ist für die Schneekristalle kennzeichnend, die Muster wiederholen sich nie, es gibt keine zwei identischen Schneeflocken. Alle Schneeflocken besitzen jedoch eine gemeinsame Eigenschaft. Der Kristall ist immer schön. Ihre Schönheit ist keine abstrakte Schönheit, sondern ein ästhetisches Erlebnis. Es lohnt sich, sie zu fotografieren. Der erste Fotograf der Schneeflocken war Wilson Alwyn „Snowflake" Bentley (1865–1931). Mittlerweile wurden viele Fotos von Schneeflocken aufgenommen, im Folgenden zeige ich Ihnen einige. Die Bilden habe ich von Alexey Kljatov gekriegt. Er hat mir etwa 100 Fotos geschickt. Ich darf die benutzen, die ich will.

108

Das sind wunderbare Bilder, und Alexey hat mir die Kollektion selbstlos gegeben! Wenn Sie was Schönes sehen möchten, klicken Sie hier: https://500px.com/chaoticmind75. Seine gesamte Kollektion ist herrlich.

Die Schneeflocken sind schön, ihre Form ist immer individuell. Die verschiedenen Formen entsprechen bestimmten Regeln, aber niemand weiß heute noch, was das ist, dem wir die einzigartigen Muster zu verdanken haben. Niemand weiß, warum sie schön sind. Sie könnten ohne Weiteres hässlich sein, da sie normalerweise niemand sieht. Trotzdem sind sie schön. Demnach strebt die Natur nach der Schönheit, ganz egal, ob jemand sie sieht oder nicht.

Im physikalischen Sinn spielen zwei Faktoren bei der Entstehung der konkreten Formen des Kristalls eine Rolle. Diese sind bei Wasser das Wasser selbst und die auf das Wasser wirkenden Energien. Die das Wasser beeinflussende Energie wirkt im Wesentlichen auf die Bausteine des Wassers, auf die Moleküle des Wassers.

Die Verschmutzung ist für das Wasser eine Kraftwirkung. Und zwar eine verzerrende Kraftwirkung. Erscheint die verzerrende Wirkung in der Struktur des Wassers auch? Ja. Dr. Masaru Emoto (1943 – 2014) fiel es zuerst ein, zu untersuchen, wie das Wasser auf Ebene der Moleküle auf seine Umgebung, auf Umwelteinwirkungen reagiert. Sein erstes Buch zu diesem Thema erschien ungefähr vor 10-15 Jahren. Er untersuchte die Veränderung des Wassers in Mustern von Eiskristallen. Gefrorene Eiskristalle zeigen, ebenso wie Schneeflocken, Fraktalmuster auf.

---

[108] *Alle Schneeflocken in diesem Buch: © Alexej Kljatov*

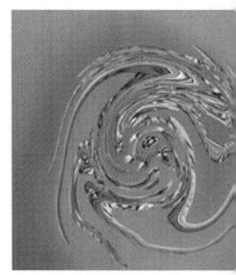

Eiskristall-Bild von reinem Wasser*, Eiskristall-Bild von verschmutztem Wasser. Die Natur ist allein „nur" zum „schönen" Muster auf der linken Seite fähig. Auf dem Bild rechts konnte auch der Begriff „hässlich" hergestellt werden, aber dazu „brauchte" die Natur menschliche Hilfe. Was würde die Natur ohne uns machen?

Emoto untersuchte auch, ob Wasserverschmutzung durch Gedankenkraft möglich ist oder ob wir bei Säure und Lauge bleiben müssen, d.h. ob es möglich ist, die schöne Kristallstruktur des Eises durch Gedankenkraft zu verformen, oder müssen wir bei den Chemikalien und Müll bleiben? Umweltverschmutzer können froh sein, denn man kann die Harmonie des Wassers billig zerstören. Es ist ausreichend, daran zu denken, dass man die Harmonie des „dummen" Wassers zerstören will. Das Schlüsselwort ist „dumm". Es ist genug. Sehen **Sie** sich die Bilder von Emoto an!

---

*Beide Bilder sind Modelle, diese sind Schneeflocken von Alexey Kljatov. Ein Bild habe ich so verzerrt, damit es die Information der Bilder von Emoto wiederspiegelt.

Das Bild auf der rechten Seite stellt den Einfluss des Wortes „Liebe, Respekt" auf den Eiskristall dar. Auf der linken Seite sehen wir die Wirkung des Textes „du bist dumm" auf das Wasser[+]*.*

Also noch mal: Wasserverschmutzung kann nicht nur über physikalische oder chemische Einwirkung stattfinden, wie es die Eiskristalle beweisen. Hässliche oder aggressive Gedanken führen zu hässlichen Wasserkristallen. Die Fotos beweisen, dass man die Umwelt durch Gedanken genauso verschmutzen kann wie durch Säure, Lauge oder Staub.

Schöne Gedanken und Worte, die schöne Gedanken ausdrücken, ergeben schöne Kristalle. Es ist sichtbar, dass der Gedanke eine äußerst wichtige Wirkung auf das Wasser hat.

Können wir jetzt die Frage beantworten:

+ Diese sind ebenfalls Modelle, sie bringen die Botschaft der Bilder von Emoto zum Ausdruck. Erstellt aus Bildern von Alexey Kljatov. Eines wurde verzerrt.

Was ist schön?

Das ist schön.

Die Schönheit ist keine ästhetische Kategorie. Die Schönheit ist eine physische Kategorie. Schön ist, was im gefrorenen Zustand des Wassers eine regelmäßige und strukturierte Kristallform verursacht. Was eine verzerrte Form verursacht, ist nicht schön. Auch wenn Wasser nicht gefroren ist, enthält es die Information „schön" oder „hässlich", aber wir können es heute noch nicht nachweisen. Deutlicher gesagt, wer im Fernsehen sitzt und Sie täglich mit Lügen vergiftet, schadet Ihnen, im Sommer und im Winter (unabhängig davon, ob es friert oder nicht). Sie werden von unehrlichen Politikern und Journalisten fortlaufend vergiftet. Genau so, als würden sie Ihnen jeden Tag ein bisschen Zyan dosieren. Das ist zweifellos eine strafrechtliche Kategorie.

Glauben Sie mir nicht? Und glauben Sie Emoto's Fotos auch nicht? Kein Problem. Am Ende des Buches werde ich jemanden zitieren, dem hunderte Millionen von Leuten glauben. Vielleicht auch Sie.

188

Emotos Bilder zeigen deutlich, dass Wasser ein sehr empfindlicher Empfänger ist. Schadende Gedanken werden von Wassermolekülen „wahrgenommen". Und wohlmeinende Gedanken ebenfalls. Moleküle reagieren auf die Wirkung des Gedankens genauso wie auf die Wirkung von Wärme oder Verschmutzung. Der Gedanke, wie die anderen Umwelteinwirkungen, beeinflusst physikalisch die Anordnung der Moleküle, die Verhältnisse der Moleküle. Wasser ist dazu fähig, Information zu empfangen und weiterzuleiten. Wasser überlegt nicht, ob die Information gut oder schlecht ist. Wir sind aus Wasser. Wie bleiben wir am Leben? Worin unterscheiden sich also Heilung und Zerstörung?

Meiner Meinung nach unterscheidet sich ein Heilungsvorgang von negativen Einflüssen dadurch, dass sich der Organismus gegen negative Einflüsse verteidigt. Auch unser Bewusstsein verteidigt sich und unser Unterbewusstsein verteidigt sich. Wir verteidigen uns instinktiv und bewusst, wir wehren ab, wir weisen zurück.

90 Prozent der Leute in meiner Umgebung sehen nicht mehr fern und lesen keine Zeitung mehr. Das ist keine Interesselosigkeit, sondern Selbstverteidigung. Nicht nur wir Europäer machen es so. Bei der letzten amerikanischen Präsidentenwahl haben die in herkömmlichen Medien ausgegebenen TV-Werbungskosten der Kandidatin der herkömmlichen Medien die entsprechenden Kosten des anderen Kandidaten mehrmals übertroffen. Es lohnte sich nicht. Der andere Kandidat hat gewonnen.

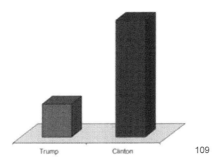

Trump   Clinton   109

---

[109] *CC0 T. Lajtner, Lajtnermachine.com*

Das ist ein ausgezeichnetes Beispiel für den Spruch: „Große Investitionen, kleiner Gewinn". Die Amerikaner scheinen Medienlügen satt zu haben, und sie vermeiden herkömmliche Medien[+].

Wir suchen aber die günstigen Wirkungen, wir erlauben, beanspruchen, bestätigen und empfangen diese. Deshalb ist das Gehirn fähig, sich selbst oder andere zu heilen. So viel Unterschied gibt es meiner Meinung nach zwischen den Wirkungsmechanismen von „Gut" und „Böse". Dieser anscheinend kleine Unterschied wird unter Berücksichtigung des Endergebnisses der Wirkung sehr bedeutend. Wenn das nicht so wäre, wäre die Menschheit schon längst ausgestorben!

110

Bleib am Leben! Es ist der erste Naturgesetz des Gehirns. Ist dieses obligatorisches Naturgesetz ausschließlich für die Menschheit (und andere Lebewesen mit Gehirn) verordnet? Oder alles was es

[+] Cf. https://www.nytimes.com/interactive/2016/10/21/us/elections/television-ads.html
[110] CC0 lgullan, Pixabay.com

gibt, muss am Leben bleiben wollen? Auch die Leblosen? Wenn ein Teilchen existiert, es ist eie Wirkung. Der Raum gibt eine Gegenwirkung. Es ist schon eine Wechselwirkung, die laut sagt: „Es gibt das Teilchen!" Die Leblosen „leben" nicht, aber sie existieren, also sie dürfen existieren „wollen". Ja, ich weiß, sie „wollen" nichts. Oder doch? Folgen die leblosen Teilchen auch dem ersten Gesetz? Ist „Bleib am Leben!" in alles kodiert?

2.9. Geheime Abstimmungen

Egal in welchem Land Sie leben, kommen die politischen Wahlen früher oder später. Sie können wählen, welche Partei oder wer das Land, die Region oder die Stadt führen soll. Es gibt auch andere Arten von Abstimmungen z.B. an einem Sängerwettbewerb kann das Publikum für seinen Liebling stimmen. Wir wissen von keinen Abstimmungen in der Tierwelt und wofür könnten die Pflanzen abstimmen?! Die Abstimmung scheint eine menschliche Erfindung zu sein.

Nun, sie ist es nicht. Die Abstimmung ist eine grundlegende Daseinsweise. Die Zusammenarbeit der Elementarteilchen, aus denen die Materie besteht, ist eine stetige Abstimmung. Wenn die Stimme, d. h. die Information in Form von Kraft oder Energie existiert, wird die Summierung der Informationen der Elementarteilchen leicht gelöst. Sollen wir nach rechts oder links gehen, soll es grün oder rot sein? Wenn die Mehrheit der Elementarteilchen für Grün stimmt, wird Grün die Hauptrichtlinie sein.

So wird jedes Ding, das aus mehreren Elementarteilchen besteht, eine solche Information ausgeben, die eine Summierung der Ausgangsinformationen der darin enthaltenen Elementarteilchen ist, wie die Abbildung zeigt, Blau. (Modell, nicht maßstabsgetreu.)

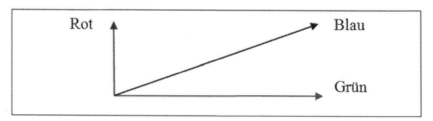

Der rote und der grüne Pfeil stellen die Stimmen von je einer Gruppe dar. Der blaue Pfeil ist ein den Kräfteverhältnissen entsprechender Kompromiss. Keine Gruppe wird vollständig recht haben, aber mehr Stimmen beeinflussen das Endergebnis stärker.

In der Praxis sind die „Stimmen" der Elementarteilchen Kraftwirkungen der Ausgangsinformationen. Wenn man diese Kräfte summiert, lässt sich das Endresultat bestimmen als Resultierende der als Information erscheinenden Kräfte. Der blaue Pfeil ist die Resultierende der Kräfte.

Sich diesen Prozess als Abstimmung vorzustellen ist sicherlich keine Fiktion. Denken Sie an die Funktion der Nervenzellen. Damit sich ein Neuron entlädt, braucht es Ermunterung von vielen anderen Neuronen. Die Neuronen geben ihre Stimmen auch in diesem Augenblick ab – in Ihrem Gehirn. Wären Sie Endergebnis einer Abstimmung? Ja, aber was für eine gut gelungene Abstimmung!

Die Existenz der Materie ist in Wirklichkeit die Summierung von Abstimmungen in der Physik. Wenn die kleinsten bekannten Elementarteilchen, z. B. Quarks, für die Beschleunigung stimmen, erhält das Proton (das aus Quarks besteht) als Zähler der Quarkstimmen die blaue Beschleunigung als Gesamtergebnis der Abstimmung. Das Proton ist Bestandteil eines Atomkernes und wird im Atomkern die blaue Meinung repräsentieren. Seine Stimme wird im Atomkern nur eine Stimme unter den anderen sein. Dort erfolgt auch eine Abstimmung. Der Atomkern wird die Resultierende dieser Abstimmung vertreten, wenn im Atom eine Abstimmung erfolgt, wo auch die Elektronen stimmen. Das Atom vertritt das Endergebnis seiner eigenen Abstimmung im Molekül usw.

Wonach richtet sich die Abstimmung eines Elementarteilchens oder eines Atomkerns? Danach, was notwendig ist, um am Leben zu bleiben. Das Prinzip „am Leben zu bleiben" steht auch für die Welt ohne Gehirn fest. Das Gehirn ist sogar Produkt dieser Teilchen, das Prinzip muss also davon stammen. Umgekehrt ergäbe es keinen Sinn.

Aus dem oben Beschriebenen sieht man, auf wie vielen Ebenen in einem stärker strukturierten Objekt das Prinzip „am Leben zu bleiben" immer wieder eingesetzt werden muss. Die Elementarteilchen haben eine stark übertragene Interessensvertretung.

Wenn ein solches Abstimmungssystem kompliziert genug ist und es ausreichend viele Wähler gibt, ist es wichtig zu wissen, welche Meinungen es neben dem blauen Ergebnis tatsächlich gab.

Dazu ist zu gewährleisten, dass jeder Wähler von jeder Stimme Kenntnis hat.

Dazu dient der Raum außerhalb der Materie. Die sich wellende Welt des Raumes nimmt alle Stimmen auf und leitet diese weiter. Jedes Quark und jede existierende Materie erfahren alle Stimmen. Das Quark erhält von den anderen Quarks die Stimme ebenso wie auch alle anderen Kräfte und Informationen aus der Welt. In Form einer Wirkung, die von außen kommt. Durch seinen inneren Algorithmus kann es darauf reagieren, ein sehr komplexes Verhalten erscheint also schon auf der Ebene der Materie.

In komplizierten Systemen mit vielen Quarks entsteht eine neue Methode der Rückkopplung.

Wir wissen von Einstein, dass jede Masse ihren eigenen Raumzeit-Abdruck erzeugt. Ich sage es so: ihren Abdruck in dem Raum. Die Wellenbewegung des Raumes wirkt auf die Masse selbst zurück. Die Masse ist keine einheitliche „einzige große Masse", sondern sie besteht aus Elementarteilchen. Die Masse generiert so mit ihrem eigenen Signal im Raum ein ständiges Signal für die Elementarteilchen.

Das permanente Signal entspricht der Summe der Stimmen der Quarks. Jedes Quark wird von diesem Signal aus den Wellen des Raumes benachrichtigt. Es wird Eingangssignal des Algorithmus des Quarks sein. Die Quarks beantworten dieses Signal entsprechend ihrem Algorithmus. Das bewirkt eine Energieänderung im Ausgangssignal der Quarks und so entsteht eine weitere blaue Stimme. Deswegen verändert sich der räumliche (zeitliche) Abdruck des größeren Systems. Der Algorithmus der Quarks reagiert auch auf diese Veränderung, was den räumlichen (zeitlichen) Abdruck des größeren Systems wiederum verändert und so weiter.

Dieses System ist ein System mit permanenter Rückkopplung und mit dem wesentlichen Element, dass das Quark jetzt auf den räumlichen Abdruck des Bündnisses der Quarks, auf dessen räumliche Widerspiegelung reagiert und nicht nur auf den eigenen räumlichen Abdruck. Deshalb entsteht ein solches System, in dem die Verhalten anfangen, sich in die gleiche Richtung auszuwirken, denn die Resultierende der Kräfte wirkt immer nur in eine Richtung, unabhängig davon, in wie viele Richtungen die Kräfte zeigen, aus denen sie zusammengesetzt sind. Diese Kraft systematisiert die Bewegung der Quarks.

Gibt es auch eine solche Auswirkung der Wahl, die auch wir Menschen wahrnehmen?

Ja, Sie kennen es ganz genau, wenn Sie schon einmal krank waren.

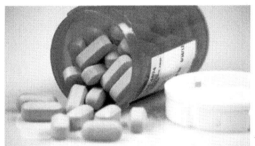
111

Die Krankheit ist eine Abstimmung, wenn eine entscheidende Mehrheit der Zellen, Moleküle, Atome usw. dafür stimmt, die Zusammenarbeit mit den anderen aufzulösen.

Der Tod ist eine Abstimmung, wenn die Zusammenarbeit aufgelöst wird.

Die Aktivität von menschlichen Gruppen und menschlichen Gesellschaften kopiert das Verhalten von Teilchen.

Keine Gruppe der Gesellschaft kann langfristig am Leben bleiben, wenn sie nicht den Interessen der Mitglieder der Gruppe dient –

---

[111] *CC0 Videoblocks.com, Editiert*

letztendlich den Interessen der Menschen, die die Information darstellen. Der Kleinste muss am Leben bleiben, das ist das Grundprinzip. Deutlich gesagt, Leute verlassen die Partei, den Arbeitsplatz, den Ort, wenn sie sich dort nicht wohl fühlen. Einige Leser legen sogar das Buch ab, wenn es ihnen nicht gefällt! Die Welt ist grausam!

112

Im Wesentlichen ist diese Regel allgemeingültig, eine sehr menschliche Eigenschaft kommt jedoch gerade aus der Verletzung dieser Regel. Der Mensch kann sein eigenes Leben opfern, um andere Lebewesen oder leblose Dinge oder sogar Ideen zu schützen. Und er ist auch dazu fähig, für Geld, aus Vergnügen, wegen einer fixen Idee oder aus Irrglauben Länder zu zerstören und Menschenleben zu nehmen. Der Mensch ist wahnsinnig grausam.

113

Berlin, Weihnachten 2016, Trauer, Opfer der Terroristen und der deutschen Politiker.

---

[112] *CC0 GDJ, Pixabay.com, Editiert*
[113] *CC0 T. Lajtner von CC0 jill111, Pixabay.com, Editiert*

Die jetzige Form der Einwanderung nach Europa ist nicht das Grundgesetz der Natur. Es geht nicht um das Grundgesetz „am Leben bleiben". Es ist gerade das Gegenteil des Grundgesetzes – von der Hinsicht der Europäer und Europäerinnen. Es ist ein reiner Annexionsversuch von den einströmenden Emigranten, gefördert und geführt von einem gut eingrenzbaren, europäischen (und nicht europäischen) Politikerkreis. Er scheint die alten Werte von Europa vernichten zu wollen. Meinen Sie nicht? Die Lösung ist ganz einfach, die europäische Bevölkerung muss gefragt werden! Nichts Neues. Abstimmung der Bevölkerung, anstatt Befehle der Politiker. Ganz wie die Teilchen es machen ...

2.10. Trialität ist Realität

Was machen also die Teilchen? Sie swingen. Und? Sie abstimmen. Und? Sie lösen das folgende Rätsel: Wie kann man aus dem Bruchteil eines Bildes das ganze Bild herstellen?

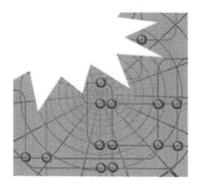 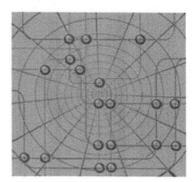

114

Man würde denken, überhaupt nicht, wenn man das ganze Bild nicht kennt. Nun, dieses Problem löst die Schnellwelle problemlos. Wie? Wenn wir keine Ideen haben, dann einfach das Telefon greifen und ... demontieren.

115

Das Bild zeigt ein altes Telefon, das die Jugendlichen von heute vielleicht nicht mal handhaben könnten. Auch die Wählscheibe ist ihnen nicht bekannt, also erzähle ich, dass die Wählscheibe so funktioniert, dass man den Finger in das Loch über der ausgewählten Nummer steckt und dann die Scheibe dreht. Dann zieht man den Finger aus und lässt die Scheibe in ihre ursprüngliche Ruhestellung zurücklaufen, wie sie das Bild zeigt. Eine Feder verursacht den Rücklauf. Wenn wir die Nummer 1 wählen, wird sie kaum gespannt, während bei 0 die Feder stark gespannt ist. Wenn die Feder stärker gespannt ist, läuft die Scheibe schneller zurück. Da die Telefonnummer beim Rücklauf der Scheibe an die Zentrale geschickt wird, hatte man zu lösen, dass sich die Scheibe immer mit gleicher Geschwindigkeit zurückdreht. Der gleichmäßige Rücklauf wird von einer einfachen Konstruktion, von dem sogenannten „Fliehgewicht", gewährleistet.

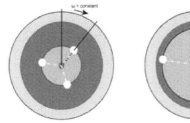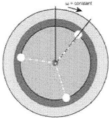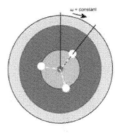

116

Wenn die Drehung der Rücklauf schneller wird, die (hier drei) weißen Fliehgewichte entfernen sich vom Mittelpunkt. So muss die Scheibe langsamer drehen. Jetzt kehren die Fliehgewichte nach Mittelpunkt zurück. Wenn es muss, alles geht von vorne weiter.

Diese Fliehgewichte fielen mir ein, als ich darüber schon eine Weile nachdachte, wie es möglich ist, dass sich der Teilchenzustand aus der Schnellwelle am Ende des Tunneleffekts wieder einstellt.

Zuvor, bei dem Tunneleffekt, habe ich ausführlich über die Metamorphose von Teilchen-Welle-Schnellwelle erzählt.

---

116 *Modell des Fliehgewichtes © T. Lajtner, Lajtnermachine.com*

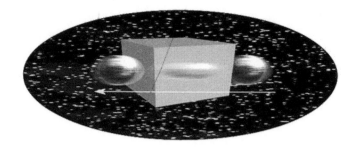

Ich habe betont, dass es unterschiedliche Räume gibt, in denen ein Teilchen unterschiedliche Geschwindigkeiten hat. Ich sagte aber nicht, dass man ein sehr interessantes Ergebnis erhält, wenn man zwei grundlegende physikalische Gesetze (Plancksches Gesetz von Max Planck (1858 – 1947) und de Broglie-Wellenlänge von Louis de Broglie (1892 – 1987)) sowohl für die Form einer Welle als auch für die Form einer Schnellwelle aufstellt.

Sowas hat noch niemand außer mir gemacht. Wieso? Weil das Ergebnis krass ist. Die Verbindung der beiden Gesetze zeigt bei den Schnellwellen, dass die Ruheenergie (Restenergie) der Schnellwelle kleiner ist als die Ruheenergie der normalen Welle.

Das sei nicht krass, sondern Dummheit, sagt die moderne Physik. In unseren Lehrbüchern gibt es keine „Ruhestufe der Energie". Wir kennen nur die Ruhemasse. Die Ruhemasse eines Objektes (sagen wir eines Autos) ist die kleinste Masse, die man messen kann, und nur dann, wenn es steht. Wenn es fährt, wird seine Masse von der Kinetikenergie gesteigert werden. Nach einem gegebenen Beobachter sinkt die Ruhemasse nie. Die Welle habe aber keine Masse und keine Ruheenergie, sagt die heutige Physik. Aber wenn sie eine hätte, könnte sie nie sinken.

Die Sensation ist gerade das, dass sie existiert, und sie ist fähig zu sinken. Warum würde sie sinken? Weil der Raum sich verändert, auf gut Deutsch: das Teilchen ist in einem neuen Raum. „Neuer Raum? Was für ein Quatsch!" sagen die Physiker zerfetzend das Buch. „Wir hören es nicht weiter." Schade für sie, denn es ist sehr interessant, was jetzt kommt. OK, sagen wir, die Ruheenergie der Schnellwelle wird kleiner. Wenn kleiner, dann eben kleiner! Na und?

Das ist genau der Fall bei den obigen Bildern. Wie kann das Teilchen das ganze Bild zusammenstellen aus der gesunkenen Ruheenergie? Die kleinere Ruheenergie bedeutet wenige Information.

Die Ruheenergie ist das Teilchen selbst. Sie ist alle Informationen über das Teilchen, kodiert in einem Energiepaket. Diese Information ist ein „Programm", aufgrund dessen das Teilchen funktioniert. Nach Ausführung dieses Programms weiß das Teilchen, z.B. ein Elektron, wie es sich verhalten muss, auf welche Aktion welche Reaktion zu zeigen ist. Davon ist es, was es ist. Bei der Schnellwelle scheint aber ein Teil des Programms verloren zu gehen. Wie kann eine Schnellwelle ihren Elektronzustand herstellen, wenn ein Teil des Programms verloren gegangen ist?

117

Ein Elektron bleibt immer ein Elektron. Diese Regel wissen wir von dem Tunneleffekt. Mit andren Worten: Die Information darf nicht verloren gehen. Wenn es so ist, das bedeutet, dass „das Innere der Schnellwelle" des Elektrons oder eines anderen Elementarteilchens funktioniert, arbeitet. Wie? Um es von der Hinsicht der Ruheenergie zu verstehen, war die Idee des Fliehgewichts erforderlich.

Obwohl das Fliehgewicht der Wählscheibe fast umgekehrt funktioniert, wie das „Fliehgewicht im Teilchen", die Idee war nützlich.

---

117 Created by Anniken & Andreas from Noun Project

Das „Fliehgewicht des Teilchens" befindet sich im Inneren des Teilchens und ermöglicht, dass die Ruheenergie der Schnellwelle größer oder kleiner wird. Die Ruheenergie ist abhängig von der Geschwindigkeit der (immer schwingenden) Schnellwelle.

Das „Fliehgewicht" in Teilchen funktioniert folgenderweise. Das Teilchen kann seine Information bei verschiedenen Geschwindigkeiten (also bei sinkender Ruheenergie) nur so bewahren, wenn seine Fliehgewichte als „spezielle Fliehgewichte" funktionieren: Je schneller das Teilchen (Schnellwelle) fährt, desto näher werden die weißen Fliehgewichte zueinanderkommen. Etwa so.

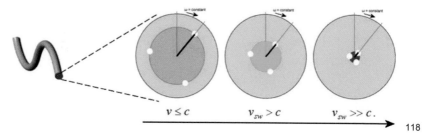

$$v \leq c \qquad v_{sw} > c \qquad v_{sw} \gg c.$$

Die weißen Fliehgewichte drehen mit konstanter Geschwindigkeit (ω). Was sind sie überhaupt? Sie verkörpern das Informationspaket des Teilchens. Das Informationspaket ist ein Programm (ein Algorithmus), was dem Teilchen vorschreibt, was es machen muss. Die Größe des Informationspakets verändert sich nicht, aber seine Position schon. So wird die Ruheenergie des Teilchen (der Schnellwelle) kleiner oder größer.

Im Inneren des Teilchens (der Schnellwelle) wandern die kleinen Fliehgewichte auf und ab. Mit dieser Bewegung steigern oder reduzieren sie die Ruheenergie. Wie das Modell zeigt, das grundlegende Informationspaket, das innere Programm der Schnellwelle bleibt unverändert, aber die Ruheenergie kann verändert werden. Kurzum: Das Teilchen bleibt immer, was es ursprünglich war, seine Identität bleibt immer unverändert, obwohl seine Erscheinung sich verändert.

---

[118] *Modell, © T. Lajtner, Lajtnermachine.com*

Warum lauft das Informationspaket im Teilchen hin und her? Weil die verschiedenen Räumen verschiedene Energien haben. In verschieden Räumen fährt der Teilchen mit verschiedenen Geschwindigkeiten. Man kann die (streifig markierte) Raumwirkung – also die Geschwindigkeitswirkung – auf das Teilchen einfach modellieren.

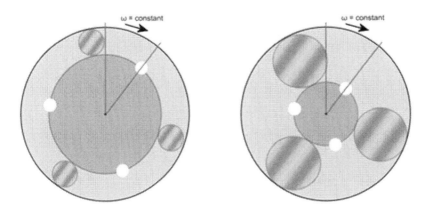

Das dargestellte Modell ist sehr einfach, und doch, es scheint überraschend gut zu sein, es zeigt sehr viele Dinge, z.B.: Je schneller die Schnellwelle ist, desto größer ist die Raumwirkung. Die heutige akademische Physik bewertet mein Modell ein kleines bisschen anderswie: es gebe keine solche Wirkung, weil es keine Schnellwelle gebe. Die Figuren und das Modell seien Unsinn.

Aus der Existenz der Ruheenergie resultieren viel wichtige Sachen, ich erwähne hier nur zwei. Einerseits: Das Teilchen funktioniert. Andererseits: Es gibt ein kleineres Energiepaket als das Teilchen. Wenn es ein solches Energiepaket gibt – und es muss geben, denn es ergibt sich aus dem Vergleich der Formeln von Planck und de Broglie – sind die Elementarteilchen des Standardmodells der Physik nicht die endgültigen Bausteine. In jedem Elementarteilchen befindet sich eine kleine Einheit, ein Energiepaket, das bei dem jeweiligen Teilchen stets unverändert ist. Daher kann das Teilchen sogar bei abnehmender Ruheenergie immer es selbst bleiben. Egal, welcher Zustand des Teilchens betrachtet wird, Welle, Schnellwelle oder Teilchen, das innere Fliehgewicht, d.h. das in Energie verpackte Programm, bleibt unverändert. Daraus ergibt sich die Selbstidentität des Teilchens während der Existenz des Teilchens. Das Elektron als Schnellwelle ist eine Form des Elektrons und kein neues Teilchen, wie wir es aus dem '1. Buch' schon wohl wissen.

Also der berühmte Welle-Teilchen-Dualismus ist in Wirklichkeit eine

Schnellwelle-Welle-Teilchen-Trialität.

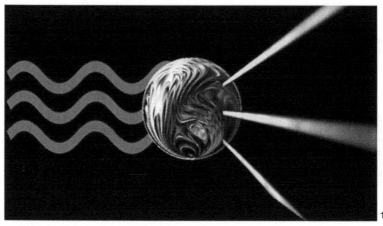

119

Die Illustration bringt die Trialität prima zum Ausdruck, aber sie ist ein Kunstwerk und kein Plan.

Obwohl wir (also Sie und ich) schon drei Formen des Elektrons und des Photons kennen, ist es durchaus möglich, dass es noch solche schnellen Wellen gibt, deren langsameren Zustände wir (also Sie und ich und die Anderen) noch nie bemerkt haben.

---

[119] © *T. Lajtner, Lajtnermachine.com*

Und es können viele Teilchen sein, deren Schnellwellenzustände noch nicht wahrgenommen wurden.

Wenn die Schnellwelle-Welle-Teilchen-Trialität die allgemeine Eigenschaft der Materie ist – und dessen bin ich mir sicher – dann wir (alle) werden ihre Vorteile bald genießen.

120

„Ich habe alle seine drei Wünsche erfüllt: Schnellwelle-Welle-Teilchen."

2.11. Ist die bekannte Materie wirklich bekannt?

Durch die Betriebsweise mit der Wählscheibe des alten Telefongerätes kam ich zur Folgerung, dass die Teilchen ein Informationspaket haben, was sie bis zum Ende ihres Daseins beibehalten. Wir könnten sagen, das Teilchen ist ein Programm, das aufgrund seines Informationspakets läuft. Es reagiert auf Einwirkungen, seine Hauptaufgabe ist, das Informationspaket zu behüten und damit auch sich selbst. Wenn es Ihnen so besser gefällt, handeln wir das Informationspaket als DNA der Materie. Nach dem heutigen Stand der Physik gebe es so etwas nicht. Was gibt es dann? Das Standardmodell der Elementarteilchen. Es beschreibt alle heute bekannten Elementarteilchen. Laut dem Standardmodell der heutigen Physik gebe es so viele Elementarteilchen, wie Sie auf dem Bild unten sehen, bzw. mehr, denn von einigen existieren auch Varianten. (Und da sind noch die Antiteilchen.) Die Elementarteilchen seien die kleinsten Bausteine, aus denen Materie aufgebaut werde – sagt die akademische Physik. Das allgemeinbekannte Quark sind solche fundamentalen Bausteine.

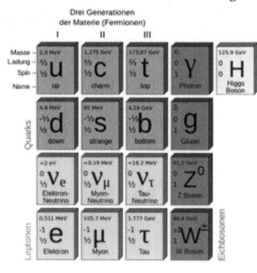

Die schon vielmal erwähnten Teilchen Elektron (e) und Photon (γ) sind auch Elementarteilchen.

121

[121] *CC BY 3.0 MissMJ, Wikipedia, https://de.wikipedia.org/wiki/Lepton#/media/File:Standard_Model_of_Elementary_Particles-de.svg*

Diese Tabelle wurde von Physikern in fast 100 Jahren zusammengestellt, dahinter steckt sehr viel Arbeit. Das Standardmodell kann die fundamentalen Bausteine von Materie trotzdem nicht enthalten! Wenn diese die fundamentalen Bausteine sind, wie ist es möglich, dass sie eine Innenstruktur haben? Wenn sie nämlich eine Innenstruktur aufweisen, dann gibt es eine kleinere Einheit und aus diesen kleineren Einheiten werden z.B. Quarks oder Elektronen aufgebaut. Laut den Physikbüchern existieren sie nicht. Aber die Tatsachen deuten darauf hin, dass es sie gibt. (Bedeutet die String-Theorie einen Schritt in diese Richtung?)

Am Leben bleiben!

Die Teilchen-Welle-Metamorphose ermöglicht auf Quantenebene, dass Teilchen immer den leichtesten Weg zum Fortschritt finden. Wenn sich die Teilchen zur aus ausreichend vielen Teilchen bestehenden Materie vereinigen, geht diese Möglichkeit für sie verloren.

Ein Teilchen kann sich im Allgemeinen als Welle verhalten, wenn seine Quantenwellenlänge gleich oder größer ist als die physikalische Größe des Teilchens*.

Wenn sich ausreichend viele Teilchen zusammensetzen, verliert das neue Objekt das Wellenverhalten automatisch. Das große Objekt wirkt auf die Teilchen auch zurück, sie sind für die Außenwelt keine Wellen mehr, sie erscheinen als Masse. Was bewegt größere

---

In manchen Versuchen scheinen einige größere Teilchen diese Regel zu verletzen. Das wurde zunächst in einem Experiment in Wien 1999 nachgewiesen. In solchen Versuchen ist es immer fraglich, wodurch das Wellenverhalten bestätigt wird. Die Welle des Raums reicht, damit selbst eine „größere" Materie auf dem Detektor ein Wellenmuster erzeugt z.B. im Doppelspaltexperiment. Wellenmuster und Wellenverhalten sind zwei unterschiedliche Dinge. (M. Arndt, O. Nairz, J. Vos-Andreae, C. Keller, G. van der Zouw and A. Zeilinger: Wave–particle duality of C60 molecules. In: Nature. Band 401, Nr. 6754, 14. Oktober 1999, ISSN 0028-0836, S. 680–682, doi:10.1038/44348)

Objekte dazu, auf das Wellenverhalten zu verzichten? Welchen Vorteil erreichen sie damit? Oder welchen Vorteil erreicht der Raum oder irgendetwas damit? Einen Vorteil muss es geben, sonst würden sich die Teilchen nie zu Masse (Materie) verknüpfen, diese Form hätte keinen Sinn. Welche Vorteile hat diese Verknüpfung? Ein einziger Vorteil scheint zu existieren. Nach dem heutigen Stand der Physik ist das Quark der kleinste Baustein von Materie. Aus mehreren Quarks sind das Proton und das Neutron aufgebaut, die den Atomkern bilden. Durch Vereinigung der Quarks entsteht eine Dichte von 10.000 Tonnen/Kubikzentimeter, eine solche Kraft, die es bisher nicht gab. Die Verbindung der Quarks ruft eine Kraft hervor, die starke Kernkraft, die ohne ihre Verknüpfung nicht existieren würde. Wozu braucht ein Quark die starke Kernkraft, wenn es keinen Nutzen davon hätte? Das ergibt keinen Sinn, wenn das Quark unzerstörbar wäre.

Es gibt solche Verbindungen. Das Quark braucht sie. Das Quark ist also nicht unzerstörbar. Wenn wir nichts anderes wüssten, kann aufgrund der Tatsache der Existenz des Protons und Neutrons mit Sicherheit behauptet werden, das Quark ist fähig aus der Welt der Materie zu verschwinden. Wir wissen es, die Antiteilchen der Elementarteilchen wurden von den Physikern nachgewiesen. Wenn ein einziges Teilchen sein Antiteilchen trifft, werden beide vernichtet. Drei Quarks haben eine höhere Chance zum Überleben z.B. in Form eines Protons. Die Chance dafür, dass ein Antiproton, d.h. drei Antiteilchen gleichzeitig an einer Stelle in einer entsprechenden Struktur auftauchen, ist niedriger als die Chance auf die Erscheinung eines einzigen Quarks. Aber es hat noch eine Chance. So ist eine größere Struktur notwendig, damit die Antimaterie sie nicht vernichtet. Einen einzigen Zweck hat also die Verbindung, dass das Quark am Leben bleibt (weiterhin existiert), und sich gegen Angriffe der Antiteilchen verteidigt.

Demnach ist ein Quark mehr als ein wellendes Ding, das Quark „weiß" eines, dass es „am Leben bleiben" muss! – sage ich.

Es ist leicht, das Prinzip „am Leben bleiben" im Verhalten von Materie in der Natur zu erkennen. Bei normalen Temperaturen stoßen sich zwei Elektronen ab, da beide eine gleiche Ladung aufweisen. (Daher gibt es den elektrischen Widerstand.) Durch Verringerung der Temperatur tritt eine neue Erscheinung auf. Die früher gegnerischen Elektronen werden Freunde und bilden sog. Cooper-Paare. Ganz so, wie Pinguine es im Winter tun, sie rücken eng aneinander, damit sie nicht frieren. Wenn die Temperatur ansteigt, wird die Cooper-Freundschaft beendet. „Ich friere nicht, warum sollten wir uns ankuscheln?" Auch die Pinguine trennen sich im Sommer.

122

Hier ist die Pinguin-Regel. Auf dem ersten Bild: Pinguine im Winter. Sie rücken in der Kälte aneinander. Im Vordergrund ein Cooper-Paar. Zweites Bild: Pinguine im Sommer. Sie kuscheln sich nicht aneinander, weil es nicht so kalt ist.

Ich könnte mehrere Beispiele erwähnen, aber sehen wir mit den einfachsten, was jedem bekannt ist. Aus Wasser wird Dampf oder Eis. Es hängt von der Temperatur ab. Anschaulicher, Wassermoleküle entlassen sich in der Wärme, während sie sich in Kälte verknüpfen.

Wenn es viel Wärme, d.h. Energie gibt, kann die Verbindung zwischen den Molekülen aufgelöst werden. Die Verbindung wird aufge-

122 *CC0 T. Lajtner von Pinguine, CC0 Akiroq, Pixabay.com, Editiert; Pinguine im Sommer, CC BY-SA 3.0 Brocken Inaglory, Wikimedia, https://hu.wikipedia.org/wiki/F%C3%A1jl:Cape_adere.JPG*

löst, die Wassermoleküle bewegen sich so schnell, damit sie überschüssige Wärmeenergie loswerden. Es ist warm: Verbindung auflösen. In Kälte ist die Lage umgekehrt. Energie ist niedrig, Individualismus ist beendet, man muss sich verknüpfen. Man muss ‚überleben'. (Ja klar, das Wasser selbst lebt natürlich nicht so wie Lebewesen, aber ich möchte sehr einfach sein.)

Ein einziges Quark kann nicht existieren, aber zu dritt bilden sie das Proton und das Neutron. Sie vereinigen sich im Atomkern. Die starke Kernkraft ist die stärkste Kraft, sie genießen diesen Schutz. Aus dem Atomkern und den Elektronen setzt sich das Atom zusammen. Das Elektron ist ebenfalls ein Elementarteilchen, es braucht ebenfalls Schutz. Warum lohnt es sich für den Atomkern? Weil er einen weiteren Schutzschirm hat, die schwache Kernkraft. Wenn sich Atome in Moleküle ordnen, werden sie von der elektromagnetischen Kraft auch geschützt. Wenn aus Molekülen größere Einheiten aufgebaut werden, erscheint eine relevante Kraft, die Gravitation.

Das Quark geht auf Nummer sicher!

Die kleineren Bausteine sind selbständig ebenfalls lebensfähig (wenn Sie wollen: existenzfähig). Die Existenz des Moleküls ist zur Existenz des Wassers erforderlich, aber die Existenz des Wassers nicht zu Existenz des Moleküls, anstatt Wasser kann es Dampf sein. Wasser kann sich in Dampf umwandeln, das Wassermolekül überlebt die Umwandlung. Es geschieht, wenn man Wasser erwärmt. Im siedenden Wasser gibt es zu viel Wärme, eine niedrigere Temperatur, d.h. weniger Energie wäre genug, damit Wassermoleküle am Leben bleiben. Aber die Energie ist unabhängig von den Wassermolekülen da, weil Sie das Wasser kochen. Sie werden Kaffee trinken. Einige Kekse dazu essen.

Das Prinzip „am Leben bleiben" setzt sich durch. Kaffee, Kekse (bisher Ihre Handlungen), Bewegung (Wassermolekül).

Wenn Sie Eis zubereiten, ordnen sich Wassermoleküle im kristallinen Zustand dadurch an, dass die Moleküle aus der Außentemperatur nicht soviel Energie bekommen, damit sie sich außer dem

„Überleben" sogar bewegen können. Sie sind im kristallinen Eiszustand angeordnet, sie laufen nicht herum. Die stabile kristalline Struktur stellt ein gutes „Überlebensmanöver" dar, denn das Kristall-Fraktal entsteht nach einer einfachen Regel. Die Regel muss aber irgendwo existieren. Die Funktion muss aufgestellt und erkannt werden, und die Armee soll dementsprechend in Schlachtordnung gestellt werden. Wenn die kristalline Struktur erscheint, müsste auch die Funktion, das Ordnungsprinzip, zur Verfügung stehen, und auch die Bewegung, die dem Ordnungsprinzip entsprach. Die Chance, dass sich Wassermoleküle zu Kristallen mit regelmäßiger symmetrischer Sechskantform bei jedem Frostvorgang, immer und immer zufällig zusammensetzen, lässt sich vernachlässigen. Keine zufällige Zusammensetzung kann immer zu einem Kristall führen. Der Zufall als Wirkungsfaktor kann ausgeschlossen werden. Wenn wir es ausgeschlossen haben, müssen wir nach einem Ordnungsprinzip suchen, das sich irgendwo verwirklicht. Aber wie bekommt das jeweilige Molekül Bescheid, wo seine Stelle ist? Warum bleibt es nicht dort stehen, wo es ist? Warum lohnt es sich, ein Kristallgitter zu bilden?

Aus dem selben Grund, warum Pinguine aneinanderrücken, wenn sie frieren. Sie benötigen weniger Energie zum Schutz vor Kälte und auch das System der Beziehungen bleibt bestehen.

Wenn sich drei Quarks zusammenstellen, vermehrt sich der Effekt „am Leben bleiben", denn die Quarks verstärken sich. Bei jeder weiteren Gemeinschaft (Atomkern, Atom, Molekül usw.), vergrößert sich diese Energie immer mehr. Diese bestimmt die Existenz des ganzen Objektes, und ebenso die Welt des mit ihnen verbundenen Raumes (und im Endergebnis auch die Existenz des Raumes und der Zeit).

Das Prinzip „am Leben bleiben" ist ein leicht formulierbares System. Das erste und wichtigste ist, das Individuum, die kleinsten Bausteine zu schützen, aus denen die anderen aufgebaut sind. Danach kommt, wenn möglich, die kleinste Gemeinschaft zu schützen. Darauf folgt der Schutz der Gemeinschaft mit einer höheren Komplexität. Danach kommt der Schutz der höher geordneten Gemeinschaft. Jede Gemeinschaft, die auf Bausteine zurückzuführen ist, bleibt solange am „Leben", bis die auf sie wirkende Energie die größte Gemeinschaft, aus der sie aufgebaut ist, nicht gefährdet. Wenn diese Gefährdung eintritt, verteidigt sich die kleinere Gemeinschaft und erhält sie nicht die größere Gemeinschaft, zusammen mit den gleichrangigen Gemeinschaften, aufrecht.

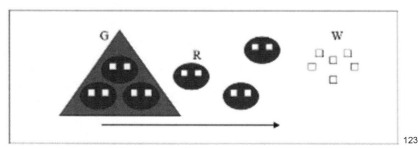

123

Die Farben (G=grün, R=rot, W=weiß) haben keine Bedeutung,
sie machen die Erklärung verständlicher.

Der Pfeil gibt die steigende Kraftwirkung (Temperatur) an, die auf die Objekte wirkt. (Die weißen Teilchen können natürlich nicht alleinstehende Quarks sein.) Die Abbildung ist sehr schematisch, die Natur ist viel komplizierter.

Physiker meinen, wenn die Energie unendlich hoch wird, werden alle Formen von Wechselwirkungen aufgehoben. Zuerst verschmelzen die elektromagnetische Kraft und die schwache Kernkraft, diese beiden Kräfte werden heute als elektroschwache Kraft bezeichnet. Dafür brauchen wir 1015 Grad Kelvin, wie von Glashow, Weinberg und Salam bewiesen wurde. Darauffolgend verschmilzt die starke Kernkraft mit dieser elektroschwachen Kraft und zum Schluss die Gravitationskraft. Dazu würden wir 1027 Grad Kelvin benötigen. Das

---

[123] *Modell © T. Lajtner, Lajtnermachine.com*

ist eine so hohe Temperatur, wie sie die Natur nur im Urknall produzieren konnte – laut Theorie.

Der Vorgang wenn die Kräfte erlöschen, wird als asymptotische Freiheit bezeichnet. Es weist darauf hin, dass die Erhöhung der Temperatur die Quarks von der Wirkung der vier (zuerst genannten) Kräfte befreit, d.h. je größer die Energie der Quarks ist, desto mehr verhalten sie sich, als ob keine Kraft auf sie wirkte.

Diese Vorstellung ist entweder wahr oder nicht. Die heutige Physik akzeptiert dies.

Wie können wir den Vorgang anders verdeutlichen, aber unter Erhaltung der Tatsachen? Die letzte Regel: Das große Dreieck muss am „Leben" bleiben. Aber was geschieht, wenn die Temperatur steigt? Es wird aufgelöst. Die Ursache für die Auflösung des großen Dreiecks ist, dass die kleineren Objekte, aus denen es aufgebaut ist, ihre Existenz als gefährdet empfinden. Wenn sie so „fühlen", tritt die gegenwärtig letzte Regel in Kraft. Jetzt lautet sie: Die Kreise müssen am Leben bleiben. Daraus folgt, dass jede Kopplung, die die Existenz gefährdet, aufgelöst werden muss. Dadurch wird eine höhere Komplexitätsebene, das Dreieck aufgehoben, aber die Komponenten (hier alle) bleiben erhalten. Die Kreise verbleiben, bis eine neue Kraftwirkung das Überlebensgesetz der Bausteine, d.h. jetzt die Rechtecke nicht gefährdet. Wenn der Aufenthalt in der Kreisgruppe das Überlebensgesetz des Rechteckes verletzt, weil die eingehende Kraftwirkung in der Gruppe nicht beantwortet werden kann, löst der „Rechteck-Baustein" laut dem Gesetz die Verbindungen auf, die seine Vernichtung verursachen würden, wenn sie diese nicht auflösen würde. Damit geht der Kreis verloren, aber das Rechteck „überlebt". Das Gesetz des Rechteckes ist des höchste Gesetz. Obige Erklärung lässt auf kein neues Naturphänomen schließen, ich gab nur eine andere Erklärung für eine bekannte Erscheinung.

Wozu diese neue Erklärung? Das ist ein bisschen komplizierter als die herkömmliche Erklärung. Man müsste lieber in Richtung der Einfachheit gehen!

Ist dieses „Selbstverteidigungsgesetz" nötig? Meiner Meinung ja. Das physikalische Phänomen wird ebenso beschrieben wie bei der traditionellen Erklärung, aber weitere Perspektiven werden eröffnet. Diese Erklärung führt uns weiter als die gewöhnliche Erklärung. Wir können eine fundierte Vermutung über die Entstehung des Bewusstseins aufstellen. Eine Voraussetzung dafür ist, zur Kenntnis zu nehmen: Teilchen haben Algorithmen.

Der Algorithmus hat einen Input und Output. Der Output ist klar, z.B. die Existenz und Verhalten des Elektrons. Ein Algorithmus ist ähnlich wie eine Gitarrensaite. Das Elektron schwingt wie alle anderen Teilchen. Wer bringt die Teilchen zum Schwingen, wer zupft die Saiten der Gitarre?

124

Es bleiben nicht viele Möglichkeiten. Das Teilchen befindet sich im Raum. Nichts anderes ist in der Nähe. Die Saiten werden von den Raumwellen gezupft.

Was bedeutet das? Das bedeutet, dass die Raumwellen die Schwingung verursachen. Die Teilchen wirken durch ihre Schwin-

---

[124] *CC0 Pexels, Pixabay.com*

gung auf den Raum zurück. Aber das Teilchen ist im Raum nicht allein. Andere Teilchen verursachen andere Raumwellen, was auf den das Teilchen zupfenden Raum ebenfalls wirkt. Die Gitarre des Teilchens wird also auch dadurch gezupft, was alles im Raum Wellen hervorruft.

Zurück zum Algorithmus, ein wichtiges, starkes und permanentes Eingangssignal des Algorithmus der Teilchen wird die von ihrer Gemeinschaft hervorgerufene räumliche Wirkung sein. Wir könnten sagen, die Gruppenangehörigkeit bestimmt das Verhalten des Individuums. Eine perfekte Kopie dafür erscheint im Verhalten der Menschen. 1998 veröffentlichte Donald Kinder seine langjährige politologische Forschungsarbeit. Er fand, dass der Eigennutz in den politischen Stimmen nachweisbar, aber gering ist. Was wirkt anstatt dessen? Gruppeninteresse und Vorstellungen über die Welt. Es soll Frieden sein!

James March machte bei der Untersuchung der Kaufgewohnheiten ähnliche Erfahrungen. Wenn wir ein Auto kaufen, ist das ein Kriterium, zu einem bestimmten Preis das Beste zu bekommen. Außerdem bestimmen noch solche Fragen die Entscheidung: Welches Auto kaufen Leute, die in dem Gebiet wohnen wie ich; Leute, die so viel verdienen wie ich usw. Dies nennen wir „Gesellschaftsnormen" oder Prinzipien. Hauptsache ist, dass Gruppenaspekte in der Entscheidung erscheinen, die die individuelle Entscheidung beeinflussen.

Das Verhalten der Menschen hat oft noch tiefere Gründe als die Gruppenansicht. Menschen sind uneigennützig, wenn sie können. Merkwürdigerweise kann man es gerade in dem angeblich unpersönlichen Internet am besten beobachten und erfahren. Ich kann mehrere Beispiele für die Uneigennützigkeit vom Internet erwähnen. Ich zähle drei auf.

Das erste und wichtigste ist Wikipedia. Sie ist nicht nur uneigennützig, sondern eine so bedeutende Hilfe, die bisher unvorstellbar war. Viele Leute ergänzen sie mit einem Brocken. Aber was für einen Kuchen erhalten wir aus diesen Brocken! Und das alles machen sie kostenlos. Ich habe von so viel freundlicher Hilfe nie geträumt, wie ich durch Wikipedia, durch Verwendung der Artikel erhalten habe. Die Autoren sind uneigennützige, wunderbare Leute. Vielen Dank schulde ich ihnen jeden Tag. Jetzt hier auch, vielleicht hören sie es: Danke!

Das zweite Beispiel ist das Reich der Bilder. Jetzt, als ich das Schema meines Buches zusammenstelle, brauche ich manchmal ein Bild, das ich später durch ein anderes ersetze, aber wegen des Aufbaus ist das Bild schon jetzt erforderlich. In einigen Minuten finde ich es. Vor kurzem habe ich ein Video gefunden. Ich habe an den Kerl geschrieben, der es hochgeladen hat. Er hat sofort geantwortet und das Video hergegeben, er hat sogar die Codecs mitgeschickt, die zum Abspielen notwendig sind. Total umsonst, als Gefallen.

Ich habe auch ein bescheidenes Ergebnis. In die Ungarische Elektronische Bibliothek und auf meine Website habe ich eines meiner Bücher kostenlos hochgeladen. Ich war sehr überrascht, dass an den beiden Stellen insgesamt nahezu 4.000 Leute das Buch gelesen haben. In Ungarn entspricht ein solcher Anteil, als hätten es 4 Millionen in den USA gelesen.

Zurück zu den Teilchen, das Verhalten der Menschen ist bewusst, das Verhalten der Teilchen nicht. Wann entsteht das Bewusstsein? Was ist das Bewusstsein?

Das Bewusstsein ist ein klarer Begriff, bis wir es nicht definieren wollen. Die Philosophie widmet diesem Begriff ganze Bibliotheken. Worte, Worte, bloße Worte. Ich habe noch keine einzige modellierbare, durch IT-Technik simulierbare Definition gesehen. Doch es gibt eine … Ja, in diesem Buch. Tatsächlich.

Würde ich es sonst sagen?

2.12. Neue Definitionen des Lebens und des Bewusstseins

125

„Hallo, Zebra, wirf unseren Ball zurück!"

Es kann vorkommen, dass das Nilpferd nicht diesen Satz schreit, es ist möglich, dass es nur gähnt, aber es lebt zweifellos. Wir erkennen das Leben sofort. Im Folgenden beschäftige ich mich mit Lebewesen, die nicht so gut sichtbar sind. Ich versuchte das Prinzip des Lebens durch Dreiecke, Vierecke und Kreise auszudrücken. Eine größere Fantasie wird erfordert, uns ein lebendes Dreieck als ein lebendes Nilpferd vorzustellen, aber das Dreieck hilft mehr, das Wesentliche des Lebens zu formulieren. Ich weiß, es ist unglaublich, trotzdem ist es so.

Auf dem früheren Bild unterschied sich das große grüne Dreieck, das das Leblose darstellte, von den Kreisen hauptsächlich darin, dass es mehr Vierecke enthielt. Das ist nur ein quantitativer Unterschied. Bei Lebewesen ist der Unterschied qualitativ, da es sich um ein neues Sein handelt. Lebendig ist, was ein solches neues Sein enthält. Es ist nicht lebendig, was so etwas nicht enthält. Was ist dieses neue Sein?

---

[125] CC0 werner22brigitte, Pixabay.com

Das ist ein Speicher mit einem Algorithmus, in dem der eigene Algorithmus des Dreiecks (als Ganzes) aufbewahrt wird. In der Natur kommt es nur bei Lebewesen vor, dass es einerseits die Algorithmen der Bausteine gibt, andererseits gibt es darüber hinaus den für das große Ganze kennzeichnenden, selbständigen Algorithmus und dessen physikalischen Speicher. Ein Lebewesen entsteht, wenn nicht nur die Codes der Rechtecke im großen Dreieck existieren, sondern es gibt auch einen extra Code, der den Algorithmus des Dreiecks repräsentiert. Im Bild unten wurde es hervorgehoben, durch eine dicke blaue Linie dargestellt. Der Leitfaden des blauen Algorithmus des Dreiecks ist bekannt: „Am Leben" bleiben. Der blaue Algorithmus kann einen materiellen und einen räumlichen Input haben. Und noch eine wichtige Eigenschaft, ein Lebewesen ist fähig, die eigene „innere" Zeit zu verändern, ohne dass sich die volle Masse des Lebewesens beschleunigen soll. Diese „inneren" Zeitänderungen sind wichtig.

Denken Sie an die Physik der Liebe zurück!

Ich habe dort das gesagt: „Die Raum-Materie-Theorie ist die Physik der Gedanken und Liebe." Was ich nicht erwähnt habe, dass die Raum-Materie-Theorie mehr ist. Sie ist die Physik des Lebens und des Bewusstseins. Sehr überraschend! Besonders, wenn wir es überlegen, dass ich nur die Gedankenkraft verstehen wollte! Die anderen Dinge waren einfach dort!

Was alles lebt!

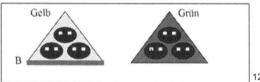

Die Farben haben keine Bedeutung, sie machen die Erklärung
verständlicher.

Im Bild oben lebt das gelbe Dreieck (ich meine, es lebt tatsächlich – ohne Anführungszeichen!), denn es hat seinen eigenen Algorithmus, dessen Input materiell **und** räumlich ist. Der eigene Algorithmus ist mit Blau markiert – „Linie B". Dieser unterscheidet sich von Algorithmen der Vierecke und von deren (als roter Kreis wirkender) Output-Resultante. Das grüne Dreieck *lebt* nicht, denn es hat keinen selbständigen Algorithmus, hier gibt es nur die Algorithmen der Viereck-Teilchen.

Das gelbe Dreieck entsteht und funktioniert aufgrund des blauen Algorithmus. Das grüne Dreieck hängt von den roten Kreisen ab, seine Existenz ist ihrer Laune ausgesetzt.

Die Computerprogramme sind Algorithmen. Können diese als lebendig betrachtet werden? Der Input ist für den Computer immer materiell, der Computer betrachtet keine Wirkungen des Raumes als Input. Das Leben funktioniert ohne räumliche Prozesse nicht. Deshalb sind die heutigen Computerprogramme nicht lebendig.

Hat der Raum eine so große Bedeutung? Ja, sogar eine sehr große. Ein Computerprogramm ist ein Verzeichnis von im Vorhinein überlegten Entscheidungen. Das Programm macht, was der Programmierer tun würde, wenn sich die bestimmte Situation einstellen würde und sich der Programmierer in seinem gewöhnlichen geistigen Zustand befinden würde. Warum brauchte man den Raum?

Was lebt also? Lebendig ist, was mindestens einen Algorithmus mehr hat als die Anzahl seiner Elementarteilchen und lebendigen Bausteine, und mindestens so viele Algorithmen haben einen räumlichen Input. Darüber hinaus, jeder zusammenarbeitende Baustein soll innerhalb einer bestimmten Entfernung liegen.

Wie groß sind diese „bestimmten Entfernungen"? Ihre Größe lässt sich bei Lebewesen wie z.B. Gras, Bäume, Blumen und Sie aus Wasser- und Kohlenstoffverbindungen berechnen.

Aber wer hat gesagt, dass das Leben sich nur auf Basis von Kohlenstoff und Wasser entwickeln kann? Bisher haben wir nur solches Leben gesehen, aber die Welt ist groß. Außerdem setzt der allgemeine Begriff für „lebendig" – meiner Meinung nach – die Kohlenstoff-Wasser-Basis nicht voraus. So kann die „bestimmte Entfernung" ganz anders sein, als wir uns sie vorstellen. Obige Definition ist für jedes Lebewesen aus Materie gültig, d.h. sogar für die „Marsbewohner", wenn sie existieren! Wenn sie nicht existieren, können sie jetzt schon aufgrund meiner Definition entstehen!

Unumgänglich ist die Frage, kann Leben im Raum existieren? Bedeutet das „Leben" im Gewebe des Raumes das selbe wie das Leben als Materie? Offenbar nicht, jedoch behalte ich meine frühere Definition. Demnach ist Leben im Gewebe des Raumes möglich.

---

[127] © *T. Lajtner, Lajtnermachine.com*

Es gibt ein solches Leben sogar! Die Materie ist immer von Raum umgeben. Wenn der Raum ein Lebewesen umschließt, ist der Raum auch als lebendig zu betrachten, denn die Definition bleibt für ihn zutreffend.

Ist es nicht schauerlich?!

Eines scheint aufgrund der Definition sicher zu sein: Die Welt lebt, denn Materie und Raum werden zusammen immer einen Algorithmus mehr haben als die Anzahl der Elementarteilchen. Warum? Denn der Raum will auch „am Leben" bleiben, und dieser Befehl ist der eingebaute Algorithmus des Raumes. So lässt sich schließlich der Raum für sich als lebendig betrachten, vorausgesetzt, dass etwas leben kann, was kein einziges Elementarteilchen aus Materie hat.

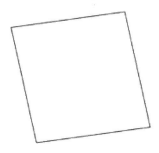

Was ist das Bewusstsein?

Was ist demnach das Bewusstsein? Das Bewusstsein ist ein Muster, in dem sich der obige Vorgang fortsetzt. In der Entstehung des Bewusstseins spielt ein bestimmter Teil des Raumes eine Rolle, der Abdruck unserer materiellen Welt im Raum. Nicht nur die gesamte Masse (Gesamtheit der Massen) hinterlässt einen Abdruck, sondern Algorithmen anderer Bausteine (Leptonen) tragen dem Muster bei. Diese Algorithmen haben eine Raumverformung ebenso wie die Materie. Diese Algorithmen verursachen Raum-(Zeit-) Deformationen. Die Algorithmen bedeuten auch ein permanentes, mehr oder weniger unveränderliches Signal im Raumbereich. Der Raumbereich schickt dieses Signal in den Materiebereich zurück, und dieses Signal wird zum Eingangssignal.

Wenn dieses Signal groß genug ist, erscheint es im Prozess der Abstimmung immer als ein ständiger Faktor. Bei der Abstimmung geht es nicht nur darum, ob sich das Molekül beschleunigen soll, sondern ein Faktor wird immer da sein, der den Algorithmus der Abstimmung zeigt, und der permanente Raum-(Zeit-)Abdruck der Masse des Moleküls wird auch da sein.

Ein Bewusstsein kann entstehen, wenn der Raumabdruck des Algorithmus der Abstimmung auf dem Algorithmus der Abstimmung sich selbst ausführen lässt. Viele Ausführungen, viele Ergebnisse. Das Bewusstsein kann sich herausbilden, wenn die Anfangsmaterie (Masse) einzelne Ergebnisse der Ausführungen behalten kann, d.h. sie kann die materiellen Strukturen der Ergebnisse innerhalb ihres Systems aufbauen, z.B. durch veränderte Schwingungen eines Teiles. Dieser Massenteil mit getrennter Schwingung kann von sich selbst getrennt sein, aber das ist keine Voraussetzung.

Ein Gehirn entwickelt sich, wenn sich diese Schwingungen innerhalb der Masse auch in ihrem physikalischen Aufbau separieren. Die aktuellen Schwingungen dieses separierten Teiles wirken im Algorithmus der Wahl mit einer solchen Kraft, dass der Algorithmus eine der Schwingung entsprechende Bewegung für die Masse erzwingt.

Dies überschreitet gegebenenfalls die grundlegenden Bedürfnisse des Befehls „am Leben bleiben". Eine notwendige Voraussetzung dafür ist, dass die Verfolgung des Prinzips „am Leben bleiben" und der aktuelle Zustand der Umwelt in Zusammenklang sind, d.h. der Befehl „am Leben bleiben" soll nicht so kräftig auftreten, damit all diese Signale im Algorithmus unterdrückt werden.

Das menschliche Bewusstsein entsteht, wenn die gespeicherten Muster weitere Muster erzeugen, welches im Algorithmus eine so starke Wirkung haben, damit die Materie (Masse) dazu bewegt wird, den Mustern, die aus Mustern herausgebildet wurden, zu folgen. Der grundlegende Algorithmus stellt in diesem Fall aus den Außenreizen und den eigenen räumlichen Widerspiegelungen Muster her, dann aus diesen Mustern erneut neue Muster. Diese neuen Muster werden von dem Algorithmus als Eingangssignal betrachtet wie jedes andere

Signal. Das permanente Dasein ruft hervor, dass im Output des Algorithmus eine Veränderung erfolgt, die von Materie (Masse) zu verwirklichen ist. Der Prozess der Verwirklichung ist die Verfolgung und Gestaltung des Musters. In diesem Sinn kann die Herstellung des Musters in der Bewegung erscheinen, aber auch in Gestaltung von weiteren Mustern.

Stimmt diese Vorstellung mit dem Leben als Prozess überein? Es hängt davon ab, ob sie mit dem Grundstein des Lebens, mit der DNA im Zusammenklang ist. Ja, sogar sehr.

Die DNA ist schließlich ein Informationslager. Ihre Aufgabe ist Informationen zu speichern und Informationen auszugeben. DNA hat demnach einen eigenen Algorithmus. Laut obiger Definition – lebt sie! Wo wird dieser Algorithmus aufbewahrt? In Materien, Verbindungen. Es führt zur Entstehung des Bewusstseins.

D.h. die innere Eigenschaft der Materie erzwingt die Entstehung des Bewusstseins. Eine Voraussetzung für die Entstehung des Bewusstseins ist ein bestimmtes Organisations-, Komplexitätsniveau. Allein das Gehirn ist genug oder nicht, es ist notwendig oder nicht. Zum menschlichen Bewusstsein scheint es aber erforderlich zu sein. Zum menschlichen Bewusstsein braucht man ein menschliches Gehirn, denn es ist fähig, den Mustern der Muster zu folgen.

In diesem Augenblick kann ich mir eine entwickeltere Algorithmusfunktion nicht vorstellen, denn die Muster der Muster der Muster unterscheiden sich kein bisschen davon.

Gibt es Bewusstsein im Gewebe des Raumes? Ja, denn der Abdruck und ein bestimmter Teil unseres Bewusstseins im Raum sind immer da. Bleibt es in der Welt des Raumes auch ein Bewusstsein? Vielleicht. Wer weiß? Eines ist sicher, der Raum kann ein Bewusstsein haben, da er Information speichern kann, er kann sogar den Gedanken aufbewahren. Wenn der Raum lebt und ein Bewusstsein hat, sogar, wenn die Welt (Materie und Raum zusammen) lebt und ein Bewusstsein hat, dann ... huuu, es ist makaber!

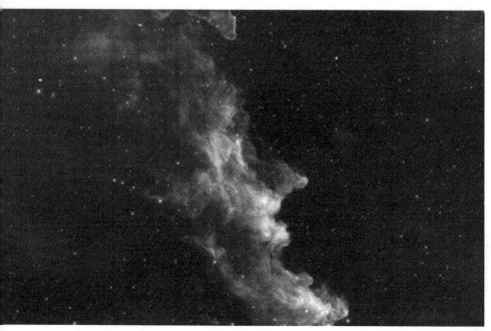

128

Hier haben wir einen himmlischen Zauberer aus dem Orionnebel.
Wenn Sie ihn sorgfältig beobachten, nickt er, weil ihm die Raum-
Materie Theorie sehr gefällt.

---

[128] *IC 2118 The Witch Head Nebula, Public Domain,* © *Noel Carboni, NASA,*
https://apod.nasa.gov/apod/apo61211.html, Editiert

2.13. Mission der Menschheit?

Wenn wir mit diesem Wissen vom Universum in den Nachthimmel aufsehen, fühlen wir uns klein? Warum wären wir klein? Richtig, wir sind nicht groß, aber wir existieren aus irgendeinem Grund. Wir existieren, wir wirken auf die Welt ein, wie auch die Welt auf uns einwirkt. Oder wünschen Sie es ein bisschen melancholisch? Bitte. Wozu sind wir hier auf der Erde? Was ist der Zweck der Existenz der Menschheit? Hat diese einen Sinn? Denn die Welt existiert auch ohne uns.

Oho! Das ist doch nicht wahr!
Bitte an den Schmetterlingseffekt zurückdenken!

Unsere Galaxie verändert Milliarden von Gravitationswellen der Milchstrasse dadurch, dass Milliarden von Sonnen und Planeten ständig kreisen. Supernoven explodieren, neue Sterne werden geboren. Die Milchstrasse befindet sich in einer permanenten Veränderung. Gewaltige Kräfte bewegen diese riesigen Massen.

Die Menschheit mit ihrer geringen Masse kann vermutlich auf die Vorgänge der Milchstrasse nicht ernsthaft einwirken. Da die Kraft der Gravitation und des Gedankens ein enges gemeinsames Spektrum haben, wirkt die Gravitation auf unsere Gedanken ein. Das bewirkt aber unvermeidlich eine Gegenwirkung. Auch der Gedanke wirkt auf die Gravitation ein.

Was für eine ungleiche Wirkung! Wo befindet sich die Gedankenkraft, die kleiner als ein Flügelschlag eines Schmetterlings ist, im Vergleich zur Energie einer explodierenden Supernova? Nirgendwo.

Beziehungsweise fast nirgendwo. Gerade der Schmetterlingseffekt bedeutet, dass unsere Energie, die wir besitzen, egal wie kleine diese auch sein mag, zur gegebenen Zeit und an gegebener Stelle entscheidende Veränderungen hervorrufen oder verhindern kann.

Unser Sonnensystem liegt in einer ruhigen Gegend der Milchstrasse. Einerseits können wir sagen, deswegen konnte hier menschliches Leben entstehen. Aber wir dürfen uns auch vorstellen, dass diese Region freundlich ist, weil die Energie des menschlichen Gedankens die Umstände konsolidiert.

Wir sollen anerkennen, was anerkannt werden soll: „Die Milchstrasse wäre ohne die Energie der Gedanken nicht dieselbe!" Genug der Bescheidenheit von Wissenschaftsidioten! Sprechen Sie mir einfach nach:

Die Milchstrasse wäre ohne mich nicht dieselbe!

129

---

[129] *Bild CC BY-SA 4.0 T. Lajtner, Lajtnermachine.com von Supernova Remnant G266.2-1.2, Public Domain NASA, https://www.nasa.gov/sites/default/files/archives_g266.jpg*

2.14. Interstellares Raumschiff aus dem Schwarzen Loch

Wenn wir eine so große Auswirkung auf die Welt nur durch unsere Gedanken hier von der Erde aus haben, warum sollten wir zu entfernten Bereichen des Weltraumes reisen? Auf diese Frage gibt es nur eine befriedigende Antwort: Weil die Bereiche dort sind! Ob wir reisen oder nicht, wollen wir nach wie vor erfahren, auf was für einem Raumschiff die Astronauten, die die Nazca-Linien zeichneten und vor Jahrtausenden hier waren (oder nicht), hierher kamen (oder nicht). Ich habe Ihnen versprochen, alles zu erzählen, was ich über sie weiß. Im Wesentlichen habe ich den Bauplan des Raumschiffes versprochen. Sie lesen schon das Ende des Buches und sind bereits ungeduldig. Wo bleibt der Bauplan? Beruhigen Sie sich! Es gibt einen Bauplan. Wenn ich etwas verspreche, halte ich es immer ein. Verspreche ich Geld, halte ich auch das ein. – Frei nach Frigyes Karinthy (1887 – 1938).

Es soll also der Bauplan des Raumschiffes kommen! Wir können den Bauplan des Raumschiffes erstellen, wenn wir begreifen, wie ... der Raketenantrieb funktioniert? Nein. Die Kernfusion? Nein. Was dann? Das Schwarze Loch!

Wir sollten verstehen, wie ein Schwarzes Loch funktioniert, damit wir durch das Weltall reisen können!

Das Bild zeigt ein ganzes Schwarzes Loch, in einer Vergrößerung um einen Faktor von mehreren Milliarden. Ich korrigiere. Im folgenden Bild sieht man ein ganz winziges Detail eines Schwarzen Lochs, stark verkleinert. Na was denn nun? Es hängt davon ab, was ein Schwarzes Loch eigentlich ist.

Es gibt ein seltsames Ergebnis der mathematischen Lösung Einsteins allgemeiner Relativitätstheorie. Wenn die Dichte der Materie unendlich groß wird, verschwinden alle – Raumzeit und Materie auch. Laut der berühmten Theorie, wenn ein Himmelskörper mit genügend großer Masse zu einem Punkt schrumpft, wird er eine solche Dichte haben, die auch die Raumzeit eliminiert. Das nennt man Singularität, was bedeutet, dass es von nun an reicht, bei jeder Frage mit den Schultern zu zucken. Singularität = keine Ahnung.

Schwarze Löcher sind in den heutigen wissenschaftlichen und nicht wissenschaftlichen Werken sehr populär und werden sowohl von Wissenschaftlern als auch von Künstlern gern dargestellt. Da jede Abbildung nur eine Fiktion ist, ist jede gleichermaßen gut, obwohl keine von ihnen meinem obigen, schnörkellosen Bild ähnlich ist. Sehen Sie sich z.B. das etwas übertriebene Bild der NASA an. Ist es ihr Ernst? Blaue Wellen am Schwarzen Loch? Kinder!

130

---

130 *Public Domain, © XMM-Newton, ESA, NASA, Wikipedia, https://hu.wikipedia.org/wiki/F%C3%A1jl:BlackHole.jpg*

Hier stellt die schwarze Kugel den Ereignishorizont des Schwarzen Lochs dar und um sie herum gibt es viele Dinge, die jetzt uninteressant sind, aber Sie können sich ansehen, was diese sind. Wo? Auf der Website der NASA oder auf Wikipedia.

Das Schwarze Loch ist nicht sichtbar, nur sein Ereignishorizont. Deutlich gesagt, es gibt eine Grenze, hinter die wir nicht sehen können. Was hinter die Grenzfläche geriet, bleibt dort und kann nicht herauskommen. Auch das Licht kann das nicht. Deshalb ist das Schwarze Loch schwarz. Warum es ein Loch ist, das weiß ich nicht. Möglicherweise deswegen, dass es ein Loch in der Theorie ist. Wir wissen, dass das Schwarze Loch ein sehr starkes Gravitationsfeld besitzt, daraus resultiert seine riesige und „sexy" „Anziehungskraft".

Wie entsteht ein Schwarzes Loch? Laut den heutigen Vorstellungen, wenn eine Supernova mit einer vielfachen Sonnenmasse explodiert. An ihrer Stelle entsteht ein Schwarzes Loch mit der Größe einer Nadelspitze und mit einer enorm großen Gravitation. Die Nadelspitze ist vorstellbar und deutlich, aber Schwarze Löcher sind in Wirklichkeit vermutlich wesentlich größer als eine Nadelspitze. Eines der kleinsten, heute bekannten Schwarzen Löcher mit einer ca. vielfachen Sonnenmasse (XTE J1650-500) hat einen Ereignishorizont-Radius von ca. 4 km. OK, wir sprechen hier freilich über das Universum, hier können Nadeln mit gigantischen Größen vorkommen.

Es ist ebenso nicht wahr, dass nichts das Schwarze Loch verlassen kann, denn Energie kann aus dem Schwarzen Loch wohl entkommen: Das ist die Hawking-Strahlung, die nach längerer Zeit zur Verdampfung des Schwarzen Lochs führen kann. (Stephen W. Hawking (1942 –).)

Nach dem heutigen Standpunkt der Kosmologie gibt es im Zentrum der meisten (aller?) Galaxien (supermassive) Schwarze Löcher mit ernsthafter Größe. Auch im Zentrum der Milchstraße befindet sich ein Schwarzes Loch und wenn man den jüngsten Berichten Glauben schenken kann, wird ein Bild von seinem Ereignishorizont 2018 veröffentlicht werden. In der Milchstraße kann es mehrere

Schwarze Löcher geben, das größte befindet sich im Mittelpunkt der Galaxie. Das hält die Galaxie zusammen.

Ein Schwarzes Loch kann theoretisch durch ein quantenmechanisches Verfahren heute schon künstlich (im Labor) hergestellt werden, und zwar durch Erhöhung der Energiedichte.

Eine Galaxie bedeutet, dass sich Millionen, Milliarden von Himmelskörpern auf einen Raumbereich mit einer bestimmten Größe konzentrieren. Diese Himmelskörper haben insgesamt eine enorm große Masse. In einer Galaxie, d.h. in einem bestimmten Raumbereich konzentriert sich eine unvorstellbar große, gewaltige Masse.

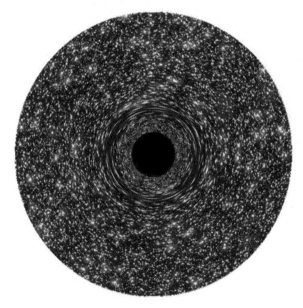

131

Die oben beschriebenen Modelle entsprechen dem Standpunkt der heutigen akademischen Physik. Das folgende Modell weicht davon ab, es kommt der Standpunkt der Raum-Materie-Theorie.

---

131 *Public Domain* © NASA, ESA, and D. Coe, J. Anderson, and R. van der Marel (STScI), *https://www.nasa.gov/image-feature/computer-simulated-image-of-a-supermassive-black-hole,* Editiert

Eine so große Masse (von Galaxie) verlängert die Raumwellen auf eine solche Weise (am meisten offenbar im Zentrum der Galaxie), dass diese langen Raumwellen hinsichtlich der Materie nicht mehr als Raum, sondern als Materie gelten. Bei Galaxien mit vielen und großen Massen ergibt sich daraus, dass der Raum sich im Zentrum der Galaxie jetzt auf eine ganz neue Weise verhält: als Materie.

Wenn sich die Wellenlänge des Raumes um eine Masse (Materie) herum so vergrößert, dass er für sie schon Materie ist, wird die Masse (Materie) sich infolge der Schnellwelle-Welle-Teilchen-Trialität in eine Schnellwelle umwandeln.

Verwirren Sie sich nicht! In den Raumwellen gibt es immer dieselbe Menge Energie, egal wie lang diese Raumwelle ist. Ein Meter entspricht immer einer bestimmten Energiemenge. Vom Raum her gesehen kann sich die Energiedichte deshalb nicht verändern. Dagegen hat die Materie eine innere Struktur und für die Materie ergibt diese verlängerte Raumwelle weniger Schläge (weniger Ohrfeigen). Die Materie passt sich daran an, wenn sie sich in eine schnelle Welle umwandelt. Sie braucht viele Ohrfeigen, sie rast, um viele zu bekommen! Und gleichzeitig viele zu geben.

Das Schwarze Loch, d.h. die verlängerte Wellenlänge des Raumes, wird von den Massen in der Galaxie erzeugt. Und es wird von diesen aufrechterhalten. Es schließt nicht aus, dass das Schwarze Loch tatsächlich Masse in sich verschluckt. Wenn das Schwarze Loch jedoch beginnen würde, die es aufrechterhaltenden Massen unmäßig zu verbrauchen, würde sich die Raumwellenlänge sehr schnell verringern und sie würde wieder zu einem „herkömmlichen" Raum werden, und das würde zum Verschwinden des Schwarzen Lochs führen. In der zurückgebliebenen Formation kann eine bedeutende Masse haben, aber deren Gravitation ist nur ein Bruchteil der Gravitation des Schwarzen Lochs.

Laut der Raum-Materie-Theorie besteht bei einem Schwarzen Loch eine genaue Gleichgewichtslage, d. h. es handelt sich um kein Schwarzes Loch, sondern um ein „Schwarzes Lochsystem". Das

Schwarze Loch wird von der Gravitation der Sterne und Planeten erzeugt und aufrechterhalten. Das Schwarze Loch ist die extreme Verlängerung der Raumwellen. Die Größe des Schwarzen Lochs kann sich daher zwischen bestimmten Grenzen bewegen. Daraus folgt, dass das Weltall nicht aus einer einzigen, überriesigen Galaxie besteht, sondern aus Milliarden von Galaxien mit Größen innerhalb bestimmten Grenzen. Nach dem heutigen Wissensstand der NASA besteht das sichtbare Universum aus 200 Milliarden Galaxien. Wenn sich je ein Schwarzes Loch im Zentrum der Galaxien befindet, produziert die Natur die Schwarzen Löcher im Großbetrieb. Ein Schwarzes Loch ist eine natürliche und notwendige Erscheinung und kann in den Galaxien überall im Universum entstehen. Und theoretisch auch in Laboratorien, wie Sie vor ein paar Zeilen gesehen haben.

Ein Schwarzes Loch ist ein von der Natur hergestellter Schnellraum, in dem Materie als eine Schnellwelle existiert.

Davon ausgehend spricht nichts dagegen, dass wir jetzt unser superschnelles, interstellares Raumschiff planen. Es ist superschnell aus zwei Gründen. Einerseits kann es viel schneller als Licht oder sogar als die Geisterwirkung sein. Wenn Sie sich erinnern, war die Geisterwirkung grob 50.000mal schneller als Licht. D.h. in einem Jahr könnten wir mit einem geeigneten Raumschiff mit dieser Geschwindigkeit eine Entfernung von 50.000 Lichtjahren zurücklegen. Diese Geschwindigkeit lässt sich erreichen. Dafür gibt es eine einzige Voraussetzung: Das Raumschiff muss sich in eine schnelle Welle umwandeln. Und Sie auch. Ist es nicht gefährlich? Wer weiß? Aber wenn es ein Problem für Sie bedeutet ...

132

[132] Created by sai aditya from Noun Project

Das in der Relativitätstheorie vorausgesagte Verschwinden von Raumzeit und Materie verwirklicht sich auch im Raum-Materie-Modell. Hier ist die Veränderung der Wellenlänge des Raumes der Ausgangspunkt. Also kann das Schwarze Loch durch eine Supernova-Explosion entstehen, wie wir bis jetzt dachten, aber sogar auch ohne diese, wie wir bis jetzt nicht dachten.

Jetzt sehen wir uns den Bauplan des Raumschiffes an! Was ist dazu notwendig? Einerseits sollten wir die Größe, Länge, Masse und Geschwindigkeit des Raumschiffes wissen, um aufgrund dessen planen zu können. Was planen wir, einen Antrieb? Kommen Sie schon! Wer braucht einen Antrieb bei einer superschnellen, interstellaren Raumfahrt?

Wir planen keinen Motor, sondern einen Schnellraum – einen solchen Schnellraum, in dem sich das Raumschiff in eine Schnellwelle umwandeln kann. Theoretisch klingt es gut. Ob dies wirklich möglich ist, kann niemand heute sagen. Aber wenn es möglich ist, funktioniert es im Wesentlichen so – sage ich.

Wie sollen wir einen Schnellraum planen? So, damit sich unser Raumschiff in diesem Raum in eine Schnellwelle umwandeln kann. Das wird infolge der Schnellwelle-Welle-Teilchen-Trialität möglich werden. Das ist meine Hypothese und heute noch nicht allgemein anerkannt. So ist sie auch für Sie neu, außerhalb dieses Buches ist sie nirgendwo zu finden.

Damit ich es verständlicher mache, kehren wir ein bisschen zum Welle-Teilchen-Dualismus zurück. Ein Teilchen verhält sich einmal als Welle, ein andermal als Teilchen. Das ist eine bewiesene Tatsache. Aus einem Teilchen kann eine Welle werden, wenn die sog. de Broglie-Wellenlänge des Teilchens größer oder gleich der Länge des Teilchens ist. Das Bild unten zeigt, dass sich das gelbe Teilchen in die blaue Welle umwandeln kann.

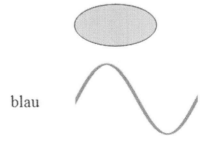

blau

Diese blaue Wellenlänge stellt die Beziehung zwischen einer physikalischen Konstante und der Energie (bzw. Impuls) des Teilchens dar. Je größer der Impuls des Teilchens ist, desto kleiner ist diese Wellenlänge.

Die de Broglie-Wellenlänge wurde von dem französischen Wissenschaftler für Elementarteilchen gefunden, aber wenn Sie 5 Minuten haben, können Sie im Internet auf interessante Dinge stoßen. Zum Beispiel wie viel die de Broglie-Wellenlänge eines rasenden Autos, eines Motorboots oder eines Fußballs beträgt? Interessant, aber die de Broglie-Wellenlänge der Wale interessiert niemanden! Uns jetzt auch nicht.

133

Nazca-Wal.

Wir sind jetzt auf die de Broglie-Wellenlänge eines Nazca-Raumschiffes neugierig – auf eines der Raumschiffe der Astronauten, die die Nazca-Bilder hinterließen.

Die de Broglie-Wellenlänge für Objekte, die über Teilchengröße sind, ist sehr klein. Je höher die Energie des Objektes ist, desto kürzer ist diese Wellenlänge. D.h. die de Broglie-Wellenlänge einer großen und schnellen Rakete ist so klein, dass sie nicht mehr zu messen ist. Zumindest hier, in unserem Raum. Deshalb machen wir jetzt einen solchen Schnellraum, wo sie messbar und groß sein wird!

Anstatt einer komplizierten Erklärung zeige ich lieber zwei Bilder – damit diese im Vergleich zueinander stehen, auf der nächste Seite. Das erste Bild stellt die Rakete in unserem Raum dar, wo die Wellenlänge des Raumes sehr, sehr klein ist. Die de Broglie-Wellenlänge der Rakete ist größer als sie, aber ebenfalls sehr klein. (Wenn die de Broglie-Wellenlänge mathematisch kleiner wäre, existiert sie nicht.) In diesem Raum wandelt sich die Rakete nie in eine Welle um. Wie bekannt, kann das Raumschiff in diesem Raum nur durch einen stärkeren Strahlantrieb beschleunigt werden, aber egal wie sehr wir uns bemühen, können wir mit diesem Verfahren nur sehr kleine Entfernungen zurücklegen. Darüber hinaus nähern wir uns der Lichtgeschwindigkeit nicht einmal an.

blau

grün

Das Bild ist nicht maßstabsgerecht, aber nur bei solcher Bemaßung ist der Hauptpunkt ersichtlich. Die untere grüne Welle ist die Welle des Raumes. Die obere blaue Welle ist die de Broglie-Wellelänge des Raumschiffes. Wäre die blaue Welle (mathematisch gerechnet) kürzer als die Grüne, die Blaue existiert in Wirklichkeit nicht.

Die Raumschiffe der Nazca-Astronauten funktionierten jedoch wie folgt (ob es die Nazca-Astronauten gab oder nicht). Die Raumschiffe erzeugten für sich einen solchen Schnellraum, in dem sowohl die grüne Wellenlänge des Raumes als auch die blaue de Broglie-Wellenlänge länger als die Rakete sind.

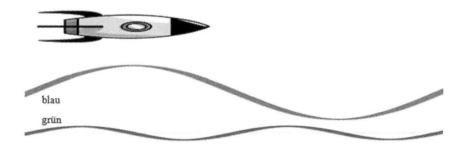

blau

grün

Das ist der Bauplan des Raumschiffes, das den Weltraum bereisen kann. Es ist gut möglich, dass eine der Nazca-Linienkombinationen das enthält.

Die Physiker werden dazu sagen, dass sich die Rakete auch vergrößern müsste, wenn sich der Raum vergrößerte, deshalb sei das Modell nicht richtig.

Das Modell ist gut. Die Rakete hat sich nicht zu vergrößern, wenn sie sich in dem ursprünglichen Raum solange halten kann, bis der Schnellraum entsteht. Wenn sie in diesen Schnellraum eintritt, wandelt sie sich in Schnellwelle um. Das ist physikalisch gleich dem früher erwähnten Tunneleffekt, nur in einer größeren Ausführung.

Schön und gut, aber es bleibt mindestens eine offene Frage: Wenn eine Rakete den Schnellraum betritt, wird die Rakete als eine Einheit zur Schnellwelle werden, oder wird die Rakete in Teilchen zerfallen, und diese Teilchen werden zu Schnellwellen werden?

134

[134] *CC0 atdsphoto, Pixabay.com, Editiert*

Wenn die zweite Situation wahr wäre, dann hätten die Nazca–Astronauten noch ein Geheimnis gehabt. Vielleicht haben sie es dargestellt? Wir haben es nur aufzuspüren, darum vielleicht ein von ihnen gezeichneter Hund?!

135

Nazca-Hund

2.15. Gravitation als Antigravitation

Nun, wir haben ein interstellares Raumschiff. Wann sollten wir abfahren? Je früher, desto besser. Wieso? Weil die Welt immer größer wird. Eine Galaxis, die wir morgen besuchen können, wird übermorgen unerreichbar sein. Warum? Funktionier die Gravitation nicht gut? Doch. Sehr gut. Deshalb müssen wir uns beeilen! Unklar? Jedoch logisch.

Früher habe ich erwähnt, dass die Anziehungskraft der Gravitation ebenso funktioniert wie die Anziehungskraft der Liebe. Wie Elvis Presley sang: „I can't help falling in love with you."

136

Die Liebe zieht uns an. Lässt sich die Gravitation als generelle Liebe auffassen? Wenn wir das mit der räumlichen Möglichkeit des Lebens verbinden, fällt uns Gott zwangsläufig ein. Gott ist in der

---

Mehrheit der heutigen Religionen ein überall anwesender, allwissender, altersloser, allmächtiger und liebender Gott. Er ist die Liebe selbst.

Ein Gott, der im Raum des Universums lebt, kann genauso sein. Kann man sagen, dass die Liebe Gottes sich in der Gravitation manifestiert? Das ist ein friedliches, idyllisches Bild, aber sehen Sie sich die folgende Abbildung an!

Eine Aufnahme des Hubble-Weltraumteleskops, wo das Universum gut sichtbar mit zunehmender Geschwindigkeit expandiert. Sie haben Recht, ich habe die Bilder nur als Scherz gemeint, aber es ist eine Tatsache, dass das Universum seit 13,8 Milliarden Jahren beschleunigt expandiert – nach heutigen Berechnungen. (Modell.)

Wenn die Entfernungen zwischen den Galaxienhaufen zunehmen, so verringert sich die Gravitationskraft zwischen ihnen. Wäre das die Eroberung der Welt durch den Satan?

Zuerst erwähnte Georges Lemaitre (1927), dann Edwin Hubble (1929), dass das Universum expandiert. Die Behauptung basierte auf Beobachtungen. Die Ausdehnungsgeschwindigkeit hängt davon ab, wie weit entfernt die beobachtete Galaxie von uns liegt. Je weiter eine Galaxie entfernt ist, desto schneller dehnt sie sich aus. Das ist das Hubble-Gesetz.

Das expandierende Universum ist seit langem eine allgemein bekannte Tatsache, aber die Meldung im Jahre 1998 war trotzdem sensationell: Perlmutter, Riess und ihr Team beobachteten, dass das

Universum mit zunehmender Geschwindigkeit expandiert. Das heißt die Geschwindigkeit der Expansion ist heute höher als gestern, aber niedriger als sie morgen sein wird.

Was verursacht diese Expansion und vor allem, was verursacht die zunehmende Geschwindigkeit? Auf diese Frage gibt es heute viele Antworten, d.h. keine einzige. Die Physiker vermuten dahinter die schwarze Energie. Die schwarze Energie ist eine heute noch nicht bekannte, nicht gemessene, nicht nachgewiesene Energie. Obwohl wir davon nichts wissen, ist eines sicher: Sie stößt ab. Deshalb wurde sie erfunden. Dadurch kann man erklären, warum sich die Welt vergrößert. Und warum vergrößert sie sich immer schneller? Weil sie immer stärker abstößt. Ausgezeichnete Antworten, angenommen, wenn es nicht von Ihnen gesagt wird. Wenn Sie es aber mit einer nicht nachvollziehbaren mathematischen Ableitung ergänzen, dann ist es eine tiefsinnige Feststellung. Es sind mehrere Modelle (und zahlreiche Untermodelle) für das expandierende Universum bekannt, aber wie die Welt tatsächlich funktioniert, ist vollkommen unbekannt.

Damit wir die Expansion verstehen, ist es nicht nötig, die Funktionsweise der ganzen Welt kennenzulernen, wir müssen aber wissen, wie die Gravitation funktioniert. Die Gravitation, wie schon erwähnt, entsteht nach der Raum-Materie-Theorie, denn die Längen der Raumwellen an der einen und anderen Seite der Masse sind unterschiedlich. Die kürzeren Raumwellen schlagen öfter auf die eine Seite der Masse als die längeren auf die andere Seite. Die Masse bewegt sich in die Richtung der raren Schläge. (Die folgenden Bilden sind nicht maßstabsgetreu.)

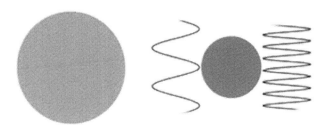

Dieses Bild habe ich Ihnen bereits früher gezeigt. Das ist ein gutes Bild, denn es stellt hervorragend dar, dass die Massenanziehung dadurch verursacht wird, dass der Raum die Masse verschiebt.

Mit einem anderen Bild ergänzt, verstehen wir die Funktionsweise der Gravitation noch besser. Wie bekannt, rollt ein Ball auf einer schiefen Ebene herunter. Wir wissen auch, dass er immer schneller rollt. Die Ursache dafür ist die Gravitationsbeschleunigung, die seit Newton ein allgemein bekannter Begriff ist. Aber wo kommt sie her? Laut Raum-Materie-Theorie aus Folgendem.

137

Wenn die Masse im Raum beschleunigt wird, vergrößert sie die Länge der Raumwellen um sich herum.

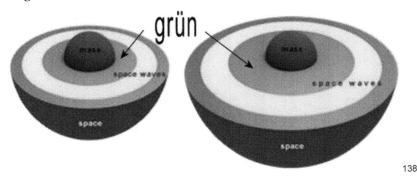

138

137 © T. Lajtner, Lajtnermachine.com
138 © T. Lajtner, Lajtnermachine.com

D.h. die von der Gravitation durchgedrungene Raumwelle vergrö-ßert sich. Fassen wir jetzt die ganze Sache so auf, dass die Masse immer von der grünen Raumwelle umgeben ist. Diese Raumwellen-länge bedeutet für die Masse sowohl Entfernung als auch Zeit. Die Masse kann immer eine einzelne Raumeinheit pro Zeiteinheit zu-rücklegen. Wenn sie sich beschleunigt, nimmt die Wellenlänge des Raumes zu. D.h. die Entfernung wird größer und die Zeiteinheit wird länger. Die Masse kann sich im Vergleich zum Raum nicht beschleunigen, die Masse bewegt sich im Vergleich zum Raum immer mit einer gleichbleibenden Geschwindigkeit. Aus diesem Aspekt heraus beschleunigt sich eine im Vergleich zu uns beschleunigende Masse nicht, sondern sie bewegt sich gleichmäßig. Sie kann über ihren Schatten nicht springen, der umso größer ist, je schneller sie läuft.

Gerade aus diesem Grund, also wenn die Masse irgendwann einmal begann, sich zu beschleunigen und keine Bremskraft zur Zeit auf sie wirkt, wird sie sich weiter beschleunigen. Wenn sich diese Wirkung noch zu der Ausweitung des Raumes addiert, ergibt sich schön das beschleunigt expandierende Universum.

Gravitation als Antigravitation? Gar nicht schlecht!

In diesem Sinne geht es nicht um die Eroberung der Welt durch den Satan. Wenn sich Gott im Raum aufhält, streckt er sich vielleicht gerade.

2.16. Das Gebet ist ewig, die Religion ändert sich

„Gott, gib mir die Gelassenheit, Dinge hinzunehmen, die ich nicht ändern kann, den Mut, Dinge zu ändern, die ich ändern kann, und die Weisheit, das eine vom anderen zu unterscheiden!", sagte Dr. Niebuhr. Oder jemand anders!

Diese Weisheit im Auge behaltend sage ich: die Gedankenkraft kennen wir alle wohl, sie ist auch in unseren Religionen dabei. Die Gedankenkraft ist so wichtig, dass unsere Religionen ohne diese Kraft nicht existieren können. Wo bekommt die Hauptrolle diese Kraft? Im Glaube und im Gebet. Das Gebet ist immer in jeder menschlichen Gemeinschaft da. Jede menschliche Gemeinschaft entdeckte für sich das Gebet und benutzt es auch. Auf unterschiedlichen Weisen, aber man betet. Größtenteils zu dem selben Zweck. Um zu Gott und/oder zu der Welt eine bessere Beziehung zu haben.

139

In jeder heutigen wichtigeren Religion ist das Gebet bedeutend. Es dient zur Beruhigung der Seele. Im Gebet (im allgemeinen) sind Gott und unser Gewissen Partner. Das Gebet ist nicht fähig, uns zu schaden. Was schaden kann, nennt man kein Gebet. Das Gebet hat eine günstige Wirkung auf das Gehirn, weil Hirnwellen mit höherer

---

[139] © *Konstantin Yuganov, Fotolia.com, Editiert*

Energie beruhigt werden. Während des Gebetes verringert sich die Frequenz der Hirnwellen, ein intensives Gefühl erfasst uns. Dadurch nutzt das Gebet zwangsläufig, es ist unbedingt zum Nutzen des Beters.

Das Gebet ist auch zur (Selbst-) Heilung fähig, dafür ist mein Freund Árpád der lebendige Beweis. Er hatte Dickdarmtumor. Die Ärzte behandelten ihn, doch es kamen kaum Änderungen. Irgendwie schloss er sich an eine entschlossen betende Gemeinschaft an. Er begann intensiv zu beten. In weniger als vier Monaten war der Tumor völlig weg. Vor kurzem traf ich ihn auf der Straße. Als er auf mich zukam, beobachtete ich ihn schon aus der Ferne. Und es fiel mir auf, was mir früher nie aufgefallen war: Árpád besteht zu 65 % aus Wasser!!!

Danach habe ich mir Éva auch besser angesehen. Éva besteht größtenteils aus Wasser! Wie peinlich, innerhalb von ein paar Tagen stellte es sich bei zwei Bekannten heraus, dass sie aus Wasser bestehen. Andererseits ist es gut, dass es sich auch bei Éva herausstellte, denn hier ist die Erklärung, wie ich die Zyste beseitigte! Éva, aufpassen! Éva!

Video zum Thema „Wasser und Gedankenkraft": http://www.lajtner.com/gedankenkraft.html

Unsere wichtigeren Religionen

Oben: Buddhismus - Islam - Hinduismus - Taoismus - Christentum - Sikhismus
Unten: Judentum - Konfuzianismus - Shinto - Bahai - Jainismus - Nativer Spiritualismus

Religionen sind auf den ersten Blick sehr unterschiedlich. In manchen Religionen gibt es Gott, in anderen nicht. Die Religion bedeutet nicht immer den Gottesglauben, im Hinduismus z. B. entscheidet man, ob man an Gott glaubt und wie viele Götter man sich vorstellt. Das Wort „Religion" bedeutet im Wortgebrauch der westlichen Zivilisation den Gottesglauben. Die Religion ist die Verbindung zwischen Gott und Mensch.

Stellen wir eine unartige Frage! Wie hält Gott den Kontakt mit dem Menschen?

Gott ist Gott, er hält Kontakt, wie er will. Das lässt sich mit menschlichen Begriffen kaum genauer beschreiben. Aber wir können zwei allgemeingültige Feststellungen machen, die wir von Priestern und Philosophen erlernten. Gott ist entweder innerhalb der Welt oder außerhalb der Welt. Der Mensch befindet sich sicher innerhalb der Welt. Wie kann Gott ein Wesen ansprechen, das sich innerhalb der Welt befindet?

---

[140] © *Joan M. Loitz, Fotolia.com*

Der Allmächtige kann es sonstwie, wir wissen es nicht. Wenn er aber die Eigenschaften der physikalischen Welt mindestens ein bisschen nutzt, kann er das übliche Kommunikationsmittel, die Raumwellen, verwenden. Die Raumwelle ist schnell, wirkt sofort und steuert übrigens die Welt. Wer die Raumwellen steuert, der steuert die Welt!

Hinduismus

(Credit: Public Domain, Wikipedia, https://commons.wikimedia.org/wiki/File:Rigveda_MS2097.jpg)

Eine der ältesten Religionen – wenn nicht die Älteste – ist der Hinduismus. Der Hinduismus besteht aus mehreren Schulen. Die meisten akzeptieren eine dreifache Einheit, die die Urmaterie der Welt bildet, wenn sie im Gleichgewicht ist. Wenn das Gleichgewicht aufgelöst wird, kommt die Welt zustande. Der Urgrund ist also zur Schöpfung der Welt genug. Das ist die Ansicht der nicht-gottgläubigen Schule.

Die gottgläubige Schule stellt sich das Ungleichgewicht als einen göttlichen Eingriff vor. So entsteht das Weltei. Es ist noch keine tatsächliche Welt, Gott befruchtet es mit Gott Brahma. Alleine das Weltei enthält die Funktionsweise der Welt nicht, nur deren Möglichkeit. Damit es funktioniert, sind Gesetze notwendig. Die Gesetze werden von Brahma geschaffen.

Brahma erinnert sich daran, wie die frühere Welt aussah, deshalb kennt er das ewige Gesetz. Demnach verwaltet er die Sachen der Welt.

Alle hinduistischen Schulen glauben an Seelenwanderung, wobei sie anmerken, dass die Zeit von Brahma auch ein Ende hat. So existiert die Seele ebenfalls nicht für ewig.

Der Hinduismus ist die kompletteste Religion in dem Sinne, dass Elemente der meisten Religionen der Welt in ihm zu finden sind.

Ca. 1500 – 1000 v. Chr. begann man, die Veden zu verschriften, deren Entstehungszeit unbekannt ist. Wahrscheinlich existierten sie schon ca. 3000 v. Chr. (vor 5.000 Jahren!). Die heiligen Schriften des Hinduismus wurden auf Sanskrit geschrieben. Die Bücher der Veden zählen heute als die ältesten literarischen Aufzeichnungen, ihre Größe ist der Bibel sechsmal überlegen. Die Rigvede ist unter den Veden die älteste, darin ist der Urgrund für die Entstehung der Welt beschrieben.

Rigveda [129]
Der Ursprung der Dinge

1. Weder Nichtsein noch Sein war damals; nicht war der Luftraum noch der Himmel darüber. Was strich hin und her? Wo? In wessen Obhut? Was war das unergründliche tiefe Wasser?

2. Weder Tod noch Unsterblichkeit war damals; nicht gab es ein Anzeichen von Tag und Nacht. Es atmete nach seinem Eigengesetz ohne Windzug dieses Eine. Irgend ein Anderes als dieses war weiter nicht vorhanden.

3. Im Anfang war Finsternis in Finsternis versteckt; all dieses war unkenntliche Flut. Das Lebenskräftige, das von der Leere eingeschlossen war, das Eine wurde durch die Macht seines heißen Dranges geboren.

4. Über dieses kam am Anfang das Liebesverlangen, was des Denkens erster Same war. Im Herzen forschend machten die Weisen durch Nachdenken das Band des Seins im Nichtsein ausfindig.

5. Quer hindurch ward ihre Richtschnur gespannt, gab es denn ein Unten, gab es denn ein Oben? Es waren Besamer, es waren Ausdehnungskräfte da. Unterhalb war der Trieb, oberhalb die Gewährung.

6. Wer weiß es gewiss, wer kann es hier verkünden, woher sie entstanden, woher diese

Schöpfung kam? Die Götter kamen erst nachher durch die Schöpfung dieser Welt. Wer weiß es dann, woraus sie sich entwickelt hat?

7. Woraus diese Schöpfung sich entwickelt hat, ob er sie gemacht hat oder nicht – der der Aufseher dieser Welt im höchsten Himmel ist, der allein weiß es, es sei denn, dass auch er es nicht weiß.

141

Der entstehende Zeitozean wellt, sagt die Vede nahezu seit 5.000 Jahren.

Buddhismus

Der Buddhismus lehrt auch die Seelenwanderung. Gründer des Buddhismus war Siddhattha Gotama (563 v. Chr. – 483 v.Chr.), der spätere Buddha. Das Wort Buddha bedeutet „erwacht". Buddha erhielt das Wissen nicht als Ergebnis einer göttlichen Inspiration, er erkannte selbst das Wissen, er erwarb sich selbst die Erleuchtung durch Verständnis.

„Ich erwarb mir selbst das Wissen, wessen Anhänger soll ich mich nennen?" (Mahavagga 1,6,7)

Daraus folgt, dass Buddha uns nicht erlöst, er hilft nur, damit alle die Erlösung erreichen. Als ob er sagen würde: Hilf dir selbst, so hilft dir Gott.

142

Der große Buddha
Buddha ist also ein Mensch, nichts Göttliches ist an ihm. Als Mensch ist er jedoch perfekt, denn er bewältigte alle Süchte und kennt die früheren Manifestationen der eigenen Seele.

---

[142] *CC0 ryhiruma, Pixabay.com*

Der Hauptpunkt des Buddhismus ist einfach: das Böse meiden und das Gute tun. Das letzte Ziel der menschlichen Existenz ist das Nirwana, wo Hass und Sehnsucht vernichtet werden und sich das Bewusstsein des Menschen mit der Welt vereinigt.

Die Lehren des Buddha befinden sich in den heiligen Schriften Pitaká. Die schriftliche Form entstand weit nach der Tätigkeit des Buddha. Der Buddhismus ist ursprünglich eine Religion, die nicht auf Gottesglauben beruht. Er lehrt, dass man sich den räumlichen oder zeitlichen Anfang oder das Ende der Welt nicht vorstellen kann. Der Anfang und das Ende sind eine permanente Reihenfolge, wobei es aus einem in das andere übergeht.

Die Seelenwanderung entspricht diesem Vorgang. Alleine die Veränderung ist ewig, nur der Augenblick ist real.

Noch etwas Wichtiges! Der Buddhismus betrachtet das Denken als ein Sinnesorgan. Laut Zen-Buddhismus kann die reine Wahrheit nur von Geist zu Geist durch Gedanken übertragen werden, d.h., Übersetzung von mir, der Gedanke kann ohne Worte auch übertragen werden und manche Gedanken können nur ohne Worte übertragen werden. Buddha erwidert Liebe mit Liebe und Hass ebenso mit Liebe. Buddha ist der Frieden selbst.

Yoga

Yoga ist ebenfalls eine indische Entdeckung. Obwohl er keine Weltreligion ist, ist er trotzdem interessant. Wie bei dem Buddhismus wird auch hier der Geist (also: Verstand, Denken) zu den fünf Sinnesorganen als Sechstes zugerechnet. Yoga ist ursprünglich eine Lehre, die zur Weisheit führt. Die Körperübungen stellen ein Mittel zur Vertiefung des Lernprozesses dar.

Yoga lehrt seit mehreren Tausend Jahren, dass es unseren groben Körper gibt. Dieser kann mit dem physikalischen Körper gleichgesetzt werden. Es gibt unseren feinen Körper, der der Seele entspricht. Und es existiert Prana, das die beiden verbindet, eine Energiequelle in der Mitte, eine bewegliche Schicht. Es wird als Geistkörper bezeichnet. Diese drei bilden den Menschen. Die drei Körper (grob, fein, Prana) durchdringen sich gegenseitig, sie existieren, während sie sich durchfahren. Das Wichtigste im Yoga ist die Erhöhung von Prana, die Harmonisierung der drei Körper.

Prana ist generell die allmächtige, alles aufrechterhaltende Kraft. Jede Kraft (auch die Gravitation der Erde) ist Prana. Der Gedanke strömt ebenfalls aus Prana aus. So lehrt es Yoga seit Jahrtausenden.

Prana strömt, kann aufgenommen und abgegeben werden, erhöht sich und verringert sich. Es kann übertragen und empfangen werden.

Eine bekannte, unbewusste Erscheinung: Wenn wir einen Kranken besuchen, legen wir unsere Hand instinktiv auf den Kranken, wir streicheln ihm das Gesicht, den Kopf, den erkrankten Teil. Yoga nennt es Pranaübertragung. Mit einem anderen Wort können wir das als Energieübertragung bezeichnen. Es kann instinktiv oder bewusst sein, d.h. wenn jemand ein Yoga-Praktizierender ist und mit Prana gut umgeht, kann er ein Papierrad oder ein Elektron durch Gedankenkraft jederzeit in Bewegung bringen. Ich verstehe es einfach nicht, warum die Inder das erwarteten, bis ich den durch Gedankenkraft gesteuerten Computer erfinde.

Vielleicht, weil die durchschlagende Entwicklung von Computern eine Aufgabe für Ungarn ist, wie wir es bei Neumann gesehen haben.

Tao

Die Tätigkeit von Konfuzius (551 v.Chr. – 479 v.Chr.) ist unter den chinesischen Philosophen von grundlegender Bedeutung. Er hinterließ neun Bücher, in denen er Chinas älteste kulturelle Erinnerungen sammelte. Ein wichtiges Zitat von ihm ist: Der Mensch ist von Geburt an gut.

Was an den Menschen trotzdem schlecht ist, kommt nach seiner Aussage aus dem Mangel an der Erkenntnis der Wahrheit. Die Menschen sollen an die Wahrheit herangeführt werden. Konfuzius gestaltete eine praxisorientierte Philosophie, deshalb gibt es kein erarbeitetes metaphysisches System.

Der Konfuzianismus wurde zur Religion, denn er diente neben anderen Vorteilen hervorragend den politischen Interessen der Herrscher.

Das heute so beliebte Tao stammt aus den Vorstellungen von Laoce (ca. 600 v.Chr. – 515 v.Chr.). Lao-ce erarbeitete aufgrund der chinesischen kosmologischen Tradition eine neue mystische Vorstellung. Das Grundprinzip ist der uralte Begriff des Tao. Das Tao ist die Urquelle der Existenz, eine unpersönliche Kraft, die alles erschafft. Die Welt entsteht durch die Kraft des Taos aus dem Nichts, und der Konflikt von Einheit und Vielfältigkeit verwirklicht sich in den Seienden.

Das Tao besitzt eine Existenz, die aus sich selbst herkommt. Kein Mensch kann das begreifen. „Sprache und Schweigen reichen nicht aus", um das Tao zu verstehen.

Der Taoismus ist mit dem Buddhismus und Yoga in dem Sinne verwandt, dass nur die Stille, der Frieden, die Nicht-Handlung, die Meditation aus dem konfusen Zustand der Welt führen. Dazu dient der Taoismus als eine eigenartige spirituelle Technik: Auslöschen der Sinnlichkeit und Beschränkung des Willens führen uns zu einer reinen geistigen Ansicht, zu einem Leben gemäß Tao.

Der Taoismus ist friedlich, erwidert das Gute mit Gutem und das Böse ebenso mit Gutem.

„Wer darauf verzichtet, wird es bekommen." Wenn Sie etwas sehr stark wollen, werden Sie es nur erreichen, wenn Sie es weniger wollen. Glauben Sie dem Tao! Ich kann ein persönliches Beispiel sagen, wodurch ich das Grundprinzip bestätigen kann.

Ich führte einen Gedankenkraft-Versuch durch und entschloss mich, ihn auf Video aufzunehmen. Ich stellte die Kamera ein und konzentrierte mich sehr stark. Viel stärker als gewöhnlich, denn das Video lief und ich wollte ein sofortiges Ergebnis. Und es geschah nichts. Ich konzentrierte mich noch stärker und es geschah nichts. Es dauerte nahezu 10 Minuten und dann klingelte das Telefon. Meine Mutter rief mich an, sie machte es immer um diese Zeit. Ich schaltete das Video aus und nahm den Hörer nur ungern ab. Ich sprach mit meiner Mutter und konzentrierte mich nicht mehr auf den Versuch. Und ich habe es gut gemacht. Als ich während des Telefongesprächs auf die Trümmer meines Experiments blickte, stellte sich heraus, dass die Ruine ein stabiles Gebäude ist. Es ist gelungen. Weil ich es nicht mehr so stark wollte. Das Video lief natürlich nicht mehr. Ich wiederholte das Experiment am folgenden Tag unter normaler Konzentration, damit ich es aufnehmen kann. Innerhalb einiger Minuten ist das Experiment gelungen, ich habe es aufgenommen.

Dabei hörte ich, dass mein Videogerät laut rauscht. Es ist mir gelungen, mit meiner früheren superintensiven Konzentration das Rauschen als unerwünschtes Ergebnis zu erzeugen. Ich machte meine Kamera fast kaputt. (Sie rauscht seither, wenn ich sie einschalte.) Na klar, darin strömen auch Elektronen!

Wenn meine Mutter nicht angerufen hätte, hätte ich meine Kamera in einigen Minuten völlig kaputt gemacht. Aber sie rief mich an, also blieb die Kamera funktionsfähig. Die Mütter wissen, wann sie telefonieren sollen!

Eine allgemeine Eigenschaft der chinesischen Religion und der religiösen Philosophie ist der Humanismus. Der Mensch steht immer im Mittelpunkt. Ein wichtiges Element ist, dass statt „entweder-oder" harmonisches „sowohl-als-auch" zur Geltung kommt. Dies wird durch Yin und Yang symbolisiert, die beiden bilden eine Gesamtheit. Und jetzt ist mir die Raum-Materie-Theorie nur so, zufällig, eingefallen ...

Das Symbol für Yin und Yang. [143]

[143] *CC0 OpenCliart-Vectors Pixabay.com, Editiert*

Judentum

Die westlichen Religionen weisen eine wichtige gemeinsame Eigenschaft auf: Sie beruhen auf einer göttlichen Offenbarung. Die Welt entstand aus dem Nichts, der Zeitpunkt lässt sich berechnen. Judentum, Christentum und Islam sind auch darin gemeinsam, dass sie ihren Anhängern einen moralischen Maßstab erstellen, der die grundlegenden Fragen des menschlichen Lebens reguliert.

Die jüdische Religion begann historisch fast eindeutig mit Moses (ca. 1250 v. Chr.). Moses glaubte an einen Gott, den man mit Ausschließlichkeit anbeten musste. Die Ausschließlichkeit war gegenseitig, Moses gab bekannt, dass das jüdische Volk Gottes auserwähltes Volk ist.

Moses und die Steintafeln.

Christentum*

Der Monotheismus wurde auch in dem Christentum übernommen. Das Christentum glaubt an einen Gott, aber an drei göttliche Personen. Das Christentum beginnt mit Jesus Christus (0 – 33). Diese Religion unterscheidet sich von dem Judentum dadurch, dass sie nicht auf ein Volk beschränkt ist, denn sie ist international. Es gibt einen anderen Unterschied: die Auferstehung. Dieses erfolgte im Fall von Jesus. Jesus ist der göttliche Sohn Gottes, wurde als Mensch geboren, ist gestorben und auferstanden.

Brot, Wein, Rosenkranz, Bibel

Im Tod trennen sich Körper und Seele, die Seele ist unsterblich. In der Auferstehung entsteht ein neuer Körper, der sich mit der Seele vereinigt. Das wissen wir, denn der Körper des auferstandenen Christus war ein anderer Körper als der des lebendigen Christus.

---

* *Diese Religion ist in Europa und in den Vereinigten Staaten die herrschende Religion, also verweile ich hier ein bisschen länger.*
145 © *Václav Mach, Fotolia.com*

Was im Yoga die Pranaübertragung ist, ist hier die Energieübertragung. Im Neuen Testament wird davon berichtet. Die Wunderheilungen Jesu sind bewusste Energieübertragungen. Mit Rücksicht darauf, dass wir in Europa sind, kennen wir Jesu Taten wohl. Wir haben von vielen Wunderheilungen Kenntnis, im Folgenden erwähne ich drei von ihnen:

[3]<>Und Jesus streckte seine Hand aus, rührte ihn an und sprach: Ich will; sei gereinigt! Und alsbald wurde sein Aussatz gereinigt. (Matthäus 8.3.)*

Jesus heilte durch Handauflegung. Diese Handlung entspricht der „Funktionsweise" der Physik. Das Wunder besteht nicht in der Funktionsweise, sondern in dem Ausmaß. Die Heilung durch Gedankenkraft – ist möglich.

(Éva, meiner Meinung nach, könnte nicht mal von Gott überzeugt werden!)

Nach Wunderheilungen Christi soll der wunderbare Fischfang kommen, dessen Methode mich vielleicht an den Fall des wütenden Hundes erinnert. Mit Fischen könnte ich sicherlich nicht zurechtkommen!

[1]<>Es geschah aber, als die Volksmenge auf ihn andrängte, um das Wort Gottes zu hören, dass er (Jesus) an dem See Genezareth stand. [2]<>Und er sah zwei Schiffe am See stehen; die Fischer aber waren aus denselben getreten und wuschen ihre Netze. [3]<>Er aber stieg in eines der Schiffe, welches Simon gehörte, und bat ihn, ein wenig vom Lande hinauszufahren; und er setzte sich und lehrte die Volksmengen vom Schiffe aus. [4]<>Als er aber aufhörte zu reden, sprach er zu Simon: Fahre hinaus auf die Tiefe und lasset eure Netze zu einem Fange hinab. [5]<> Und Simon antwortete und sprach zu ihm: Meister, wir haben uns die ganze Nacht hindurch bemüht und nichts gefangen, aber auf dein Wort will ich das Netz hinablassen. [6]<>Und als sie dies getan hatten, umschlossen sie eine große Menge Fische, und ihr Netz riß. [7]<>Und sie winkten ihren Genossen in dem

---

* *Bibel Elberfelder 1905.*

anderen Schiffe, dass sie kämen und ihnen hülfen; und sie kamen, und sie füllten beide Schiffe, so dass sie sanken.

(Lukas 5, 1-7)

Die Grundlehre des Christentums ist die Verzeihung. Warum soll man verzeihen? Es folgt aus der einander widersprechenden Existenz von Liebe und Zorn. Wer liebt, zieht uns an, das wissen wir. Wer auf uns böse ist, stößt uns ab, das wissen wir auch. Die Hauptsache: Wenn du dir etwas wünschst, kannst du es nur anziehen, wenn du es dabei nicht abstößt. Klar, oder ...?

[23]<>Wahrlich, ich sage euch: Wer irgend zu diesem Berge sagen wird: Werde aufgehoben und ins Meer geworfen! und nicht zweifeln wird in seinem Herzen, sondern glauben, dass geschieht, was er sagt, dem wird werden [was irgend er sagen wird].

146

Der Glaube kann Berge versetzen. Und kleinere Objekte.

[24]<> Darum sage ich euch: Alles, um was irgend ihr betet und bittet, glaubet, daß ihr es empfanget, und es wird euch werden. [25]<>Und wenn ihr im Gebet dastehet, so vergebet, wenn ihr etwas wider jemand habt, auf dass auch euer Vater, der in den Himmeln ist, euch eure Übertretungen vergebe. (Markus 11, 23-25.)

---

[146] *CC0 marolamail, Pixabay.com*

Es ist offenbar, dass der Fortbestand der Menschheit nur der Liebe zu verdanken ist. Der Zorn hat keine Nachkommen. Wird der Zorn also vernichtet? Vielleicht. Predigen die christlichen Kirchen deswegen, wer sündigt (mit der Welt in Zorn ist), ist für immer verloren?

Was geschieht mit den Guten? Sie werden auferweckt. Der wichtigste Glaubenssatz des Christentums ist die Auferstehung. Die Auferstehung betrifft nicht den Körper, sondern die Seele. So geht die Seele nicht verloren.

Hat der böse Gedanke auch eine Kraft? Ja. Und kann er schaden? Ja, das kann er. Ich habe es schon im Kapital des Wassers gesagt, erinnern Sie sich? Haben Sie es nicht geglaubt? Es steht in der Bibel schwarz auf weiß seit 1.600 Jahren.

[12]<> Und des folgenden Tages, als sie von Bethanien weggegangen waren, hungerte ihn (Jesus) [13]<> Und als Jesus von ferne einen Feigenbaum sah, der Blätter hatte, ging er hin, ob er vielleicht etwas an ihm fände; und als er zu ihm kam, fand er nichts als nur Blätter, denn es war nicht die Zeit der Feigen. [14]<> Und Jesus hob an und sprach zu ihm: Nimmermehr esse jemand Frucht von dir in Ewigkeit! Und seine Jünger hörten es. Markus 11:12-14.)

[147]

---

²⁰<> Und als sie frühmorgens vorbeigingen, sahen sie den Feigenbaum verdorrt von den Wurzeln an. ²¹<> Und Petrus erinnerte sich und spricht zu ihm: Rabbi, siehe, der Feigenbaum, den du verfluchtest, ist verdorrt. (Markus 11:20-21.)

Ich vermute, das war die notwendige geistige Munition in der Hexenjagd und in Kriegen. Alles hat seinen Preis: Jesu wurde hier in einer dunklen Ansicht dargestellt.

Islam

Islam bedeutet Hingabe an Gott, Ergebung in den Willen Gottes. Die heilige Schrift des Islam ist der Koran, es ist das Werk des Propheten Mohammed (ca. 570 – 632), aber nicht seine Vorstellung. Mohammed erhielt die Religionsthesen aus göttlicher Offenbarung. In dem ersten Fall erschien ihm der Engel Gabriel im Traum. Er zeigte ein Seidentuch und sagte Mohammed, dass er die Schrift entschlüsseln soll. Der Engel ist im christlichen und islamischen Sinn ein Beruf: Gesandter, Bote. Na klar, Sie wissen es. In diesem Sinn hat der Engel seine Arbeit getan.

Die Schriftzeichen waren fremde Schriftzeichen, sie waren für den Propheten unbekannt, aber er konnte sie entziffern, ein Wunder geschah.

Als Mohammed aus dem Traum erwachte, hörte er eine himmlische Stimme, wodurch ihm Gabriel mitteilte, dass Mohammed der Gesandte Gottes sei.

Danach bekam Mohammed mehrere göttliche Offenbarungen. Der Hauptpunkt war, dass Gott – Allah – einzigartig ist. Die Bibel wird von Mohammed als glaubhaftes Werk anerkannt; die Ursache dafür, warum es Unterschiede in seinen Behauptungen im Vergleich zur Bibel gibt, ist, dass der wahre Inhalt der Bibel von der christlichen und jüdischen Kirche geheim gehalten wird.

Es gibt keine Heilige Dreieinigkeit, es gibt nicht mehrere göttliche Personen, es ist sogar eine Gotteslästerung, zu behaupten, dass er einen Sohn hat.

Allah ist der Schöpfer und Verwalter der Welt. Alles hängt von ihm ab. Er ist unsichtbar, unvorstellbar. Er hat die Welt aus dem Nichts mit einem Wort erschaffen: Sei. Die Welt wurde in sechs Tagen erschaffen.

Im Tod trennen sich Körper und Seele, in der Auferstehung vereinigen sie sich.

Die Guten werden nach dem Tod mit dem Paradies belohnt, während die Bösen mit der Hölle bestraft werden. Dies entspricht im Wesentlichen dem Himmel und der Hölle der Christen.

Den Grund des Dogmas bilden fünf Hauptthesen, unter denen die Wichtigste ist: Es gibt keinen Gott außer Allah, und Mohammed ist sein Prophet.

148

Moschee

Wir können von Mohammed erlernen, was im allgemeinen nicht betont wird: Wir bekommen Informationen ohne die gewöhnlichen Sinnesorgane, ob wir wollen oder nicht. Eine Frage ist natürlich, ob wir es erkennen.

2.17. Vom Papierrad bis zu den Göttern

Vom Papierrad bis zu den Göttern. Es könnte auch der Titel dieses Buches sein. Es klingt, wie eine griechische Tragödie. Hier ist auch ein Foto für die Stimmung!

149

Was dieses Bild darstellt, ist genauso wie dieses Buch. Wenn wir den ersten Durchgang passieren, erwarten uns Dutzende von Durchgängen, die uns immer wieder zu neuen Bereichen führen. Nicht jedes Buch ist so, was von der Gedankenkraft handelt. Es gibt viele Bücher, die durch die festen Wände von einer Etappe in die andere versuchen durchzukommen. Sehen Sie sich die Wände an! Wollen Sie hier wirklich durchkommen? Aber wieso, wenn es da ein Tor gibt? Ach so, Sie haben das nicht bemerkt!

---

[149] *CC0 nikolabelopitov, Pixabay.com*

Jetzt stehen Sie an einem Ende des Durchgangs. Wenn Sie das Buch gelesen haben, dann sind Sie hier angekommen, also am letzten Ende. Sie haben unzählige Rätsel und zahlreiche Neuigkeiten kennengelernt. Und Sie werden mir Recht geben: Der Gedanke ist die wichtigste Verbindung zwischen dem Menschen und der Welt. Der Gedanke verbindet uns auch mit solchen Teilen der Welt, von deren Existenz wir nicht einmal Kenntnis hatten. Dieser Verbund bleibt immer fest. Stetig. Ohne Unterbrechung.

24 / 7

Wenn Sie das Buch nicht gelesen haben, fangen Sie jetzt an, sich mit ihm bekannt zu machen, Sie blättern ein bisschen und dann beginnen Sie gleich am Ende, wie ich es auch immer mache. Dann stehen Sie gerade am Eingang des Durchganges. Es ist echt komisch, weil Sie gerade das Ende des Buches lesen! Tja, dies ist ein eigenartiges Buch.

Es ist ein Buch über eine geheimnisvolle Welt. Das größte Geheimnis der Welt besteht darin, dass sie immer einen neuen, bisher unbekannten Bereich hat. Mit anderen Worten: Die Welt war schon groß gewesen, bevor Sie dieses Buch lasen. Wenn Sie es gelesen haben, tauchte bei Ihnen plötzlich eine neue, rätselhafte Seite der Welt auf. Wenn Sie bis jetzt die Welt für unendlich hielten, müssen Sie sie jetzt noch mehr für unendlich halten. Wie bitte? Eine größere Unendlichkeit? Nun, laut Mathematik gibt es kleinere und größere Unendlichkeiten. Das hier ist die größere.

Bevor wir in der Unendlichkeit verloren gehen, möchte ich Sie lieber dazu motivieren, Ihre Gedankenkraft bewusst zu benutzen. Je früher, desto besser. Verwenden Sie sie nur für gute Zwecke! Sie wissen es ja wohl: Das Böse geht verloren, das Gute ist ewig. Das Gute ist schön. Die Schönheit ist die Essenz der Welt.

Hier, am Ende des Buches wollte ich die Schönheit darstellen,
aber jemand hat mein Selfie gegen diese Schneeflocke ausgetauscht.
Das ist überhaupt nicht witzig!

Bewegen Sie reale Objekte mit Gedanken!

http://www.lajtnermachine.com

Literatur zu weiteren faszinierenden Themen finden Sie im Verlagsprogramm des Ancient Mail Verlags:

Roland Roth

Die fremde Dimension

Begegnungen mit dem Unfassbaren und anderen Realitäten

ISBN 978-3-95652-116-4, Din A5, Paperback, 223 Seiten, 40 zum Teil farbige Abb., € 17,80

Die Welt des Rätselhaften besteht nicht nur aus Nessie, Big Foot und Co.

Sind Zeitrisse, Dimensionssprünge und merkwürdige Begegnungen real? Sind die unheimlichen Erlebnisse, die manche von uns schon einmal erlebt haben, Belege für die Interaktion von verschiedenen Universen? Sind lebende Tote nur eine Erfindung aus Hollywood? Können Menschen in anderen Dimensionen verloren gehen? Sind seltsame Wesen gar vielleicht aus fremden Welten in unsere Realität gelangt? Haben die zahlreichen Rätsel und Mysterien möglicherweise sogar alle einen gemeinsamen Kern?

Dieses Buch nimmt Sie mit auf einen ausgewählten Streifzug durch diese Welt der Mysterien. Lesen Sie von einem rätselhaften Österreich, vom grausigen Lindwurm, von seltsamen Botschaften und einer phantastischen Vergangenheit. Kommen Sie mit auf eine Spurensuche über kosmische Rätsel und unseren Ursprung, über bizarre Lebensformen in unbekannten Tiefen und fremden Welten. Folgen Sie dem Autor zu einer Achterbahnfahrt der Mysterien und riskieren Sie einen facettenreichen Blick in die phantastische Welt der Realität.

János Kalmár

Das Licht des Lebens
Die Geschichte eines weißen Puders

IBSN 978-3-95652-176-8, Din A5, Paperback
154 Seiten, 45 zum Teil farbige Abbildungen,
€ 14,90

Wahrscheinlich kannten bereits die „Götter" den Weißen Puder, mit dessen Hilfe sie das menschliche Leben um ein Vielfaches verlängern konnten, sodass ihnen auch eine Jahrhunderte lange kosmische Reise keine Probleme bereitete. Auch der Name „Milch der Göttin Hathor" weist darauf hin. Wer nämlich von dieser „Milch" trank, dem wurde ein sehr langes Leben zuteil. So kannte „Hathor" wahrscheinlich das Geheimnis der Weißen Milch, d. h. die Tatsache, dass diese den Prozess der Alterung verlangsamt. Zu den Wirkungen des Weißen Puders gehörte nicht nur die Verjüngung, sondern er konnte u. a. auch deformierte, fehlerhafte Zellen „reparieren".

Auch in der Antike konnten die „Götter" diesen Weißen Puder herstellen. Es ist also anzunehmen, dass die „Götter" über außerordentliche chemische und mikrobiologische Kenntnisse verfügten.

Wie hat wohl die Erforschung der Unsterblichkeit zu Zeiten der Pharaonen, der biblischen Ereignisse, der Alchemisten, der Tempelritter oder der Freimaurer ausgesehen? Und was ist, wenn seitdem schon lange jemand die Lösung dieses Problems gefunden hat, sie aber aus purem Neid oder aus Machtgier vor dem Rest der Menschheit geheim gehalten hat?

Begeben wir uns mit dem Autor auf diesen geheimnisvollen Weg, der auch heute noch nicht zu Ende ist. Und während wir auf vergangene Zeiten zurückblicken, werden uns vielleicht auch einige wichtige Zusammenhänge klar.

Alexander Popoff

Der Djatlow-Pass-Vorfall

Eine Untersuchung, die alle verwirrenden Fakten erklärt

ISBN 978-3-95652-091-4, Din A5, Paperback, 110 Seiten, 9 s/w-Abb., **€ 9,80**

Fünfundfünfzig Jahre der Forschung über den Vorfall am Djatlow-Pass – neun junge Skiwanderer sind am Toten Berg (Kholat Syakhl, Russland) unter merkwürdigen Umständen ums Leben gekommen – konnten keine schlüssige Erklärung für dieses seit Langem bestehende Rätsel bieten. Die Fakten dieser Geschichte sind so verwirrend und widersprüchlich, dass es bisher keiner Theorie gelungen ist, sie zu einem stimmigen, realistischen Bild dieser grauenvollen Vorgänge im Jahr 1959 zusammenzubringen. Die sowjetischen Forscher kamen zu dem Schluss, dass eine „unüberwindbare Naturgewalt" den Tod der Skifahrer verursacht hat. In diesem Untersuchungsbericht stellt der Autor 40 Hypothesen über den Vorfall am Djatlow-Pass vor – und natürlich auch seine eigene Theorie, die eine überraschende, aber realistische Lösung für dieses langjährige Rätsel bietet.

Unsere Geschichte ist voller Rätsel –

Wir wollen helfen, sie zu lösen !

Bücher und Informationen zu den Themenkreisen Archäologische Rätsel dieser Welt, Paläo-SETI, Grenzwissenschaften, Sagen und Mythen.

Fordern Sie einfach *kostenlose* weitere Informationen an – per Postkarte, Fax, Telefon oder eMail beim

Ancient Mail Verlag • Werner Betz
Europaring 57, D-64521 Groß-Gerau
Tel. (00 49) 61 52/5 43 75, Fax (00 49) 61 52/94 91 82
eMail: ancientmail@t-online.de
www.ancientmail.de